Yvonne Wagner

Der Morgenkreis im Sommer

Ideen und Rituale für die Praxis

Materialien für den Kindergarten

Hase und Igel®

Inhalt

Hinführung, Begrüßung und weitere Rituale

Natur und Wissen

Inhalt

Sprache und Kommunikation

Emotionalität

Vorwort

Der Morgenkreis

Das Zusammenkommen im Morgenkreis ist ein Ritual, das den Beginn des gemeinsamen Tages symbolisiert. Oft ist es sogar die einzige Zeit am Tag, an der alle Kinder einer Gruppe zusammen sind, und damit die perfekte Gelegenheit, um Kindern etwas mitzugeben, das alle angeht. Der Morgenkreis bietet den Jungen und Mädchen die Möglichkeit, sich vor der gesamten Gruppe zu äußern. Die Kinder singen, erzählen, spielen und lachen, es finden aber auch besinnliche Momente statt. Im Morgenkreis wird außerdem die Anwesenheit der Kinder überprüft, und er bietet die Gelegenheit, den jeweiligen Tag zu benennen sowie ihn kalendarisch oder jahreszeitlich zuzuordnen.

Morgenkreise finden nicht in jedem Kindergarten statt. Mancherorts gibt es Kinderkonferenzen, bevor die Kinder in ihre Stammgruppen oder in offene Angebote gehen. In vielen Einrichtungen bieten die Erzieherinnen auch einen Stuhlkreis gegen Ende des Vormittags an, bevor die Kinder in den Garten, in den Bewegungsraum oder nach Hause gehen. Doch inhaltlich sind sich diese Angebote für die Großgruppe recht ähnlich. Die Form des Kreises ist dabei kein Muss. Allerdings bietet sich die Kreisform schon allein deshalb an, weil alle Kinder gleichermaßen gesehen und gehört werden können. Da ein Kreis keinen Anfang und kein Ende hat, ermöglicht er es der Gruppe zudem, sich als Einheit zu fühlen.

Ob die Kinder dem Kreis beiwohnen müssen oder ob die Teilnahme freiwillig ist, entscheiden Sie im Team gemeinsam. Als Alternative können Sie beispielsweise währenddessen eine Betreuung in einem anderen Bereich des Kindergartens organisieren. Bedenken Sie jedoch dabei, dass Kinder zwischen drei und sechs Jahren noch nicht fähig sind, die Tragweite ihres Fernbleibens zu überschauen. Die Teilnahme an den einzelnen Kreisaktivitäten muss allerdings jedem Kind freistehen. Es stellt sich also die Frage, wie Sie das gemeinsame Miteinander am Morgen so attraktiv gestalten, dass es zum Vergnügen aller Kinder wird und sich nachhaltig positiv auf die Stimmung der Kinder auswirkt.

Methodische Grundsätze

Anspannung und Entspannung

Die Aktivitäten im Morgenkreis sollten eine gute Mischung aus Anspannung und Entspannung bieten. Lassen Sie die Kinder gleichsam mit Ihnen zu Akteuren werden und stellen Sie das gemeinsame Erleben in den Vordergrund. Wählen Sie zusammen mit den Kindern das Thema des Morgenkreises aus. Schlagen Sie Angebote vor, bei denen die Kinder aktiv beteiligt sind, und solche, bei denen sie zuhören oder zusehen. Wechseln Sie zwischen Bewegungselementen und Sinnesübungen ab. Es ist sinnvoll, den Morgenkreis in einer Art „Temperamentbogen" zu gestalten, das heißt zum Beispiel, ruhig mit der Begrüßung der Kinder und dem Durchzählen zu beginnen und anschließend eine bewegte Aktivität wie ein Kreisspiel oder ein Musikstück mit Instrumentalbegleitung anzubieten. Dann gibt es noch eine kurze Gesprächsrunde über die anstehenden Themen und zum Ende ein Abschlussspiel, das mit ruhigem Verlassen des Raums endet. Haben Sie im Anschluss an den Kreis eine bestimmte Aktivität vor, stimmen Sie die Kinder gleich darauf ein.

Wiederholungen

Besonders für jüngere Kinder sind Wiederholungen enorm wichtig. Wenn wir Erwachsene nach zwei- oder dreimaligem Singen eines Liedes allmählich genug davon haben, wollen die Kinder es wesentlich öfter hören. Das Wiederholen hilft ihnen, sich zu orientieren, und gibt ihnen Halt. Kinder empfinden die Routine als Sicherheit, die es ihnen ermöglicht, sich zu entfalten.

Raum für Kreativität

Wie stets im Kindergarten sollten Sie auch im Morgenkreis kreatives Tun herausfordern und den Kindern viel Raum und Zeit für eigene Ideen lassen. Warten Sie ab, ob die Kinder selbst einen Vorschlag haben, und halten Sie sich mit Erklärungen und Vorgaben zurück. Auch im Morgenkreis finden gestalterische Angebote Raum, zumeist als gemeinschaftliche Arbeiten. Legebilder in der Mitte des Kreises, beispielsweise aus Naturmaterialien, bieten die Gelegenheit, alle Kinder zu beteiligen. Die Kinder setzen ein jahreszeitliches Thema gestalterisch um und beschäftigen sich damit nicht nur verbal, sondern mit allen Sinnen.

Bewegung und Spiel

Für einen gelungenen Wechsel zwischen Anspannung und Entspannung ist es besonders wichtig, Bewegung mit ins Spiel zu bringen. Nur wenn Kinder ausreichend Bewegung haben, können sie auch zur Ruhe kommen und sich konzentrieren. Überdies sind vielfältige Körpererlebnisse für die Entwicklung unserer Kinder unerlässlich. Nicht von ungefähr sind deshalb Bewegungsspiele im und um den Kreis bei Kindern sehr beliebt. Flattern wie ein Vogel, stampfen wie ein Elefant, einer macht es vor und die anderen ahmen nach – Kinder bewegen sich am liebsten spielerisch. Tanzen, laufen, krabbeln, verbunden mit einem lustigen Reim oder Lied, regt alle zum Mitmachen an und bringt auch zurückhaltende Kinder in Aktion.

Musik

Musik sorgt nicht nur für Stimmung, sondern auch für Besinnung! Eine Gitarre oder eine Ukulele etwa sind ideale Begleitinstrumente für die Lieder, die im Morgenkreis gesungen werden. Zudem können Sie mit diesen Instrumenten ein großes Spektrum an Klangfarben und Stimmungen vermitteln. Aber auch ohne Begleitinstrument sollten Sie so oft wie möglich gemeinsam singen, rhythmische Übungen anbieten und die Kinder selbst „Musik machen“ lassen. Denn Musizieren macht Freude und entspannt, ermöglicht Selbstwirksamkeitserfahrungen und trägt so dazu bei, dass Kinder selbstsicherer werden.

Fingerspiele, Reime und Geschichten

Die Sprach- und Kommunikationsfähigkeiten der Kinder unterstützen Sie im Morgenkreis mit jeglicher Aktivität. Der Morgenkreis bietet gerade durch die gemeinschaftliche Runde eine Gelegenheit, sich in der Geborgenheit der Gruppe zu artikulieren. Auch schüchterne oder sprachlich schwächere Kinder werden hier ermutigt, zu sprechen und sich einzubringen. Der Morgenkreis soll über Fingerspiele, Reime, Lieder, Geschichten und Gespräche hinaus für alle beteiligten Kinder ein sprachlicher Genuss werden und ihre Sprachfreude sowie das Sprachinteresse wecken. So erweitern sie ihren Wortschatz und variieren ihre Ausdrucksmöglichkeiten.

Inhalte und Themen

Der Morgenkreis ist der ideale Ort, um besondere Ereignisse und Aktuelles zu thematisieren. Die Kinder wissen so, was am Tag auf sie zukommt. Ebenso haben sie selbst die Möglichkeit, Themen anzusprechen, die sie beschäftigen. Durch die starke Präsenz der Medien werden schon unsere Jüngsten unfreiwillig über aktuelle Geschehnisse informiert, die sie noch gar nicht verstehen. Im Morgenkreis bietet sich die Gelegenheit, solche Themen aufzugreifen und damit möglichen Unsicherheiten und daraus resultierenden Ängsten zu begegnen.

Wenn Sie projektorientiert arbeiten, ist der Morgenkreis die Plattform, um mit den Kindern neue Themen aufzuspüren und dem jeweiligen Projekt in seinem Fortgang immer wieder neue Impulse zu geben. Funde und Beobachtungen der Kinder können zum Anlass werden, die Besonderheiten der Jahreszeiten als Schwerpunkt zu nehmen. Vielleicht bringt ein Kind eine besondere Blüte oder Getreidehalme von einem Spaziergang mit in den Kindergarten. Diese geben z.B. den Impuls, den Fund in der Kreismitte auf ein Tuch zu legen und zu betrachten. Daraus entwickelt sich dann ein Gespräch über die jeweilige Jahreszeit und/oder den Ort in der Natur, an dem die Materialien gefunden wurden. Vielleicht haben die Kinder auch die Idee, weitere thematisch passende Naturmaterialien zu ergänzen. Sie steuern ein entsprechendes Fingerspiel oder Lied dazu bei – und schon ist der Morgenkreis ein Ort, an dem die Kinder spezifisches Wissen sammeln und vertiefen können. Sie werden neugierig darauf, noch mehr zu erfahren, und setzen sich im Freispiel oder weiterführenden Aktivitäten damit auseinander.

Über die Wissenserweiterung hinaus, können im Morgenkreis viele Themen wertorientiert bearbeitet werden. Besonders zum Tragen kommen hier soziale Werte wie Gemeinschaftssinn, Hilfsbereitschaft, Rücksichtnahme und der respektvolle Umgang miteinander. Um Kindern solche Werte erfolgreich zu vermitteln, muss sich die Erzieherin über ihre eigenen Wertvorstellungen sowie die des Trägers der Einrichtung im Klaren sein und diese durch das eigene Verhalten vorleben.

Vorwort

Organisatorisches

Einige organisatorische Aspekte erleichtern den Ablauf des Morgenkreises. Der Raum sollte möglichst viel Platz bieten und gut gelüftet sein. Idealerweise befinden sich nur wenige Einrichtungsgegenstände oder Möbel darin, alternativ eignen sich auch eine Turnhalle oder ein Bewegungsraum. Falls die Kinder auf dem Boden sitzen, sollte es einen Teppich, Sitzkissen o. Ä. geben. Alle Materialien, die im Morgenkreis eingesetzt werden, müssen greifbar sein und stehen übersichtlich im Regal oder Schrank oder in einer vorbereiteten „Themenkiste“ bereit. Materialien, die dort dauerhaft ihren Platz finden können, sind z. B.:

- Sammelordner bzw. Kartei mit Liedern, Geschichten und Kreisspielen
- verschiedene Instrumente
- Abspielgerät sowie sortierte Kassetten bzw. CDs
- Tücher und große Stoffe
- Klebeband oder Seile, um Grenzen auf dem Fußboden zu markieren
- Taschenlampen, Teelichter oder Kerzen.

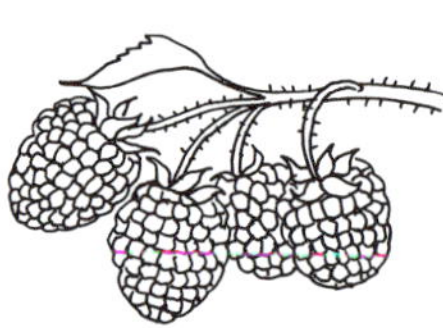

Aufbau des Materials

Der vorliegende Band bietet Ihnen neben methodischen Tipps zur Gestaltung des Morgenkreises insbesondere Anregungen zum Thema „Sommer“. Damit können Sie den Kindern diese Jahreszeit näherbringen und mit ihnen zusammen die Besonderheiten der Sommermonate erleben. Wecken Sie das Interesse der Kinder, indem Sie Gespräche führen, Fragen stellen und sie mit Liedern und Spielen zum Mitmachen und Nachdenken motivieren.

In den vier Kapiteln des Bandes finden Sie Aktivitäten und Anregungen, von denen die meisten ohne viel Aufwand sofort umsetzbar sind. Sollten Sie Vorbereitungen treffen müssen, sind diese genau erklärt. Sie können mit den Kindern oder ohne sie durchgeführt werden. Zu Wissensthemen, die Sie mit den Kindern im Morgenkreis besprechen und die Anlass für weitere Spielideen sind, gibt es in den jeweiligen Kapiteln außerdem Seiten mit Hintergrundinformationen.

Hinführung, Begrüßung und weitere Rituale
In diesem Kapitel finden Sie kleine Rituale, Spiele und Aktionen, mit denen Sie die Kinder auf wertschätzende und herzliche Art begrüßen und Übergänge kindgerecht gestalten können. Auch das Hinführen zum Kreis bzw. das vorherige Aufräumen werden thematisiert. Sind alle da? Wer fehlt heute? – Das tägliche Durchzählen der Kinder ist wichtig, denn sie erleben dadurch, dass jedes Kind ein bemerkenswerter Teil der Gruppe ist. Spielerisch lernen die Kinder dabei außerdem die Wochentage, Monate und den Jahreslauf kennen.

Natur und Wissen
Dieses Kapitel bietet Anregungen, wie die Kinder im Morgenkreis spielerisch ihr Sachwissen erweitern können. Sie erhalten Impulse für weitere Forschungen und Beobachtungen. Hier sind die Jahreszeiten sowohl mit ihren jeweiligen Besonderheiten im Tier- und Pflanzenbereich als auch mit ihren unterschiedlichen Wetterbedingungen Thema. Im Hinblick auf den Sommer werden u. a. die Themen „Bienen und Wespen“ sowie „Sommerwetter“ mit dem Schwerpunkt Vorzüge und Gefahren der Sonne angesprochen.

Sprache und Kommunikation
Im Kreis kann jeder gesehen und gehört werden. Das Kapitel liefert für diese kommunikative Sitzordnung viele Ideen, die die Kinder zum Sprechen einladen. In diesem täglichen Ritual erfahren die Kinder, wie miteinander gesprochen wird und wie sie einander zuhören können. Fingerspiele, Gedichte und Reime erweitern darüber hinaus den Wortschatz und die Sprechfähigkeit der Kinder spielerisch.

Emotionalität
Das letzte Kapitel spricht den Bereich Sinne und Gefühle an. Es regt dazu an, sich im Morgenkreis mit (inter-)religiösen Bezügen und Werten auseinanderzusetzen. Egal ob Sie in einem christlich orientierten Kindergarten arbeiten oder ob die Einrichtung keine religiöse Ausrichtung hat – Kinder sollten auf jeden Fall erfahren, welche Werte unsere Gesellschaft prägen und welchen Hintergrund Feste oder Brauchtum haben. Im vorliegenden Band bilden Angebote zu Verständnis und Toleranz anderen gegenüber den Schwerpunkt.

Darüber hinaus soll auch das Bedürfnis der Kinder, mit allen Sinnen zu lernen, nicht zu kurz kommen. Sie finden dazu Impulse, bestimmte Sinne zu mobilisieren, und Spielideen, wie Sie die Gefühle der Kinder in den Mittelpunkt des Geschehens stellen können. Die Kinder lernen, ihre Wünsche in Worte zu fassen, ihre Bedürfnisse und Gefühle zu äußern und Konflikte mit Worten statt mit den Fäusten zu lösen. Auch Geburtstage sollten im Morgenkreis gebührend beachtet werden. Das stärkt das Selbstwertgefühl, aber auch die Gemeinschaft.

Die Aktivitäten in den einzelnen Kapiteln sind nicht an den Morgenkreis gebunden, sondern können auch zu anderen Tageszeiten und Gelegenheiten angeboten werden. Wenn in Ihrer Gruppe z. B. ein Abschlusskreis stattfindet, passen die meisten der Angebote ebenfalls in diese Runde. Viele Spielideen sind auch ideal für „Zwischendurch", wenn die Gruppe Lust auf ein gemeinsames Spiel hat oder wenn Zeit vor dem Mittagessen überbrückt werden muss. Viele Aktionen können Sie sehr gut nach draußen verlegen. Sie sind daher auch für den Waldkindergarten oder Ausflugstage bestens geeignet.

Wie auch immer Ihre Situation in Ihrer Einrichtung aussieht: Der Morgenkreis wird erst lebendig, wenn Sie und die Kinder ihn mit Leben füllen. Nehmen Sie daher meine Ideen mit, um Ihre eigenen Ideen und die der Kinder zu erweitern und zu vertiefen. Ich wünsche Ihnen dabei viel Freude!

Yvonne Wagner

Hinführung, Begrüßung und weitere Rituale

Art der Aktivität:
Ritual

Kompetenzbereiche:
Wahrnehmung und soziales Miteinander weiterentwickeln, musikalische Erfahrungen vertiefen

Material:
Lied S. 9, ggf. Zimbeln, Triangeln, Klangstäbe, Handtrommeln

Wir sind alle da!

Dieses Lied ist sehr gut als Begrüßungsritual zu Beginn des Kindergartenjahres geeignet. Jedes Kind wird darin mit Namen angesprochen. Dies vermittelt dem einzelnen Kind nicht nur Wertschätzung, sondern trägt auch dazu bei, dass es sich als Teil der Gruppe wahrgenommen fühlt. Außerdem lernen Sie und die Kinder auf diese Weise schnell die Namen der neu hinzugekommenen Kinder kennen bzw. die „Neuen" erfahren die Namen aller Gruppenmitglieder.

So geht's:

- Die Kinder sitzen oder stehen im Kreis.
- Stimmen Sie das Lied an. Begrüßen Sie nacheinander jedes einzelne Kind. Lächeln Sie es aufmunternd an und nicken Sie ihm zu, während Sie seinen Namen singen.
- Ermuntern Sie die Kinder mitzusingen.
- Nach ein paar Tagen, wenn die Kinder das Lied bereits verinnerlicht haben, können sie das Begrüßungslied mit Instrumenten wie Zimbeln, Triangeln, Klangstäben und Handtrommeln begleiten.

Varianten:

- Um das Begrüßungsritual etwas zu verkürzen, setzen Sie, statt bei „Guten Morgen, …" den Namen zu wiederholen, den Namen eines zweiten Kindes ein.
- Erweitern Sie „Guten Morgen, …" bei jeder Wiederholung des Liedes um einen Namen. Kommt der dritte Name dazu, singen Sie die vorherigen Namen hintereinander, z. B.:
  - „Guten Morgen, Julia. Guten Morgen, Markus."
  - „Guten Morgen, Julia, Markus. Guten Morgen, Rafael."
  - „Guten Morgen, Julia, Markus, Rafael. Guten Morgen, Nele."
- Die Kinder laufen, stehen oder sitzen im Raum. Erst wenn Sie das Kind im Lied namentlich nennen, kommt es zu Ihnen. Auf diese Weise bildet sich allmählich ein Kreis.

Wir sind alle da!

Text: Yvonne Wagner
Melodie: nach „Ri-ra-rutsch"

Melodievarianten je nach Silbenzahl der Vornamen:

Hinführung, Begrüßung und weitere Rituale

Art der Aktivität:
Ritual

Kompetenzbereiche:
Wahrnehmung, soziales Miteinander und Konzentrationsfähigkeit weiterentwickeln

Material:
–

Alle Kinder sitzen still

Wenn der Morgenkreis beginnen soll und die Kinder bereits im Kreis sitzen, herrscht manchmal große Unruhe. Die Kinder sind voller aufregender Eindrücke von ihrem vorangegangenen Spiel und achten mehr auf ihren Nebenmann als auf Sie. Ein Spruch zum Einstieg weckt ihr Interesse und hilft ihnen, ihre Aufmerksamkeit zu fokussieren.

So geht's:

- Setzen Sie sich und warten Sie zunächst einen Moment ab.
- Sehen Sie reihum alle Kinder an und ermuntern Sie sie dadurch, sich auf den Morgenkreis zu konzentrieren.
- Halten Sie Blickkontakt zu den Kindern und sprechen Sie dann langsam und deutlich einen der folgenden Sprüche:

Alle Kinder sitzen still,
weil ich etwas sagen will!

oder

Alle Kinder sind ganz leis',
denn jetzt beginnt der Morgenkreis!

oder

Alle Kinder hör'n, wer spricht –
und reden selber nicht!

- Variieren Sie die Lautstärke und Sprechweise, um Spannung zu erzeugen. Unterstreichen Sie das Gesagte mit Ihrer Mimik.

Tipps:

- Denken Sie sich passend zum aktuellen Gruppenthema einen Spruch aus.
- Besonders beeindruckend ist es, wenn Sie die Sprüche wie Zauberformeln murmeln und mit einem „Zauberstab" unterstreichen, z. B. mit einem Bambusstab, der jahreszeitlich passend geschmückt ist.

Wir leuchten wie die Sonne

Die Sonne gibt nicht nur Licht und lässt die Pflanzen wachsen. Sie wärmt im Sommer ganz besonders und macht so viele Vergnügungen im Freien möglich. Das Sonnensymbol ist allen Kindern vertraut. Es ist auf vielen Kinderzeichnungen zu sehen und die Kinder verbinden Positives damit. Als sommerliches Morgenritual eingesetzt helfen die Strahlen des Sonnensymbols zu visualisieren, ob alle Kinder anwesend sind.

So geht's:

- Die Kinder nehmen sich einen Sonnenstrahl und setzen sich im Kreis auf den Boden.
- Legen Sie oder ein Kind den Sonnenkreis in die Mitte.
- Sprechen Sie zur Einstimmung und Besinnung den folgenden Vers und begleiten Sie ihn gestisch:

Wie die Sonne ihre Strahlen	*beide Arme nach oben strecken, die Finger spreizen*
streckt zur Erde weit hinab,	*beide Arme zur Seite strecken*
lassen wir im Kreis es leuchten	*beide Arme an der Seite auf und ab bewegen*
und genießen diesen Tag.	*die Arme um sich schlingen*

- Wiederholen Sie beim ersten Mal den Vers und ermuntern Sie die Kinder mitzusprechen und sich passend zum Text zu bewegen.
- Anschließend legt jedes Kind nacheinander seinen Strahl so an den Sonnenkreis an, dass er zu seinem Platz zeigt.
- Zählen Sie mit den Kindern gemeinsam die Strahlen der Sonne. Legen Sie dazu eine Hand auf einen Strahl, um den Zählbeginn für alle zu kennzeichnen.
- Sind noch Sonnenstahlen übrig? Gemeinsam zählen die Kinder, wie viele es sind. Alle überlegen, wer fehlt, und nennen (falls bekannt) den Grund dafür.

Tipp:

Halten Sie auch für sich und das weitere Gruppenpersonal (z. B. Pädagogische Ergänzungskraft oder Praktikanten) je einen Sonnenstrahl bereit.

Art der Aktivität:
Ritual / Vers

Kompetenzbereiche:
soziales Miteinander weiterentwickeln, Text in Bewegung umsetzen, symbolisches Handeln erleben, Zahlen kennenlernen

Material:
großer Kreis aus gelbem Tonpapier (Ø ca. 30 cm)

Material pro Kind:
Sonnenstrahl aus gelbem Tonpapier (Länge ca. 20–30 cm)

Methodentipp: Perlenkette

Im Morgenkreis erleben die Kinder ein Gruppenzugehörigkeitsgefühl. Es wird ihnen bewusst, wer an diesem Tag anwesend ist und wer in der Gruppe fehlt. Eine individuell gestaltete Perle visualisiert dies. Zudem üben die Kinder das Zählen und geduldige Abwarten, bis alle Kinder ihre Perle zu einer Kette aufgefädelt haben.

Herstellung:

- Besorgen Sie für jedes Kind eine große (Ø mindestens 5 cm) naturholzfarbene Perle und stellen Sie wasserfeste, feine Filzstifte bereit. Die Kinder bemalen ihre Perle mit bunten Farben oder Mustern. Wenn möglich schreiben Sie die Namen oder ggf. die Anfangsbuchstaben des Vor- und Nachnamens der Kinder z. B. rund um das Perlenloch.
- Alternativ lassen sich aus einem unbehandelten Rundholz oder Besenstiel längliche Perlen herstellen: Sägen Sie das Holz in gleich große Zylinder und bohren Sie jeweils mit der Bohrmaschine ein Loch hindurch. Die Holzperlen werden mit feinem Schmirgelpapier abgeschliffen und mit wasserfestem Filzstift bemalt.
- Um die Holzperlen vor Schmutz zu schützen, können sie noch mit Bienenwachs eingerieben und nach dem Trocknen poliert werden.
- Sie können die Perlen mit den Kindern auch aus Knetmasse herstellen, die im Backofen aushärtet. Die Kinder formen eine Kugel und durchstechen sie mit einer dicken Stricknadel. Sie ritzen oder stanzen Muster ein oder benutzen verschiedenfarbige Knete, um eine Farbmischung oder einen Marmoriereffekt zu erzielen. Kontrollieren Sie vor dem Aushärten, dass alle Löcher innen glatt sind, damit die Perlen beim Auffädeln gut auf der Schnur rutschen. Nach dem Aushärten und Abkühlen können einfarbige Kugeln noch bemalt werden.

Einsatz:

- Wenn die Kinder im Kreis sitzen, geben Sie die Perlen in einem Korb herum. Dazu reichen Sie eine Schnur in zum Perlenloch passender Dicke mit einem dicken Knoten an einem Ende.
- Die Kinder suchen ihre Perle heraus und fädeln sie auf die Schnur. Anschließend geben sie die Schnur und den Korb mit den Perlen weiter. Wenn alle Kinder ihre Perle aufgefädelt haben, ist eine lange Kette entstanden.
- Legen Sie die Kette in die Mitte und stellen Sie den Korb dazu. Wenn Sie sie kreisförmig auslegen, symbolisieren Sie damit den Kreis der Kinder.
- Falls Perlen im Korb zurückgeblieben sind, überlegen die Kinder, wem sie gehören. Weiß jemand, warum diese Kinder heute fehlen?

Tipps:

- Auch für das Gruppenpersonal sollte jeweils eine Perle zur Verfügung stehen.
- Die Kinder können nach dem Auffädeln der Perle kurz etwas erzählen, z. B. zu einem aktuellen Ereignis oder zu ihrem Befinden.

Alle im Rhythmus

Eine Möglichkeit, das Gemeinschaftsgefühl und die Gruppenzugehörigkeit zu stärken, bietet das folgende Spiel: Alle tun dasselbe und das auch noch in gleicher Geschwindigkeit und mit den gleichen Mitteln, nämlich dem eigenen Körper. Als Einstiegsritual spricht es alle Kinder an, auch diejenigen, die vielleicht noch etwas unruhig sind. Zudem versetzt es jedes Kind einmal in die Rolle des Führenden.

So geht's:

- Die Kinder sitzen im Kreis, idealerweise auf Stühlen, damit alle körpereigenen Instrumente gut einsatzfähig sind. Alternativ können sie auch stehen.
- Erklären Sie, dass nun alle ein kleines Konzert geben und dabei den Körper als Instrument nutzen werden. Alle werden mit den Geräuschen anfangen, die Sie gleich zeigen werden, und jedes Kind wird reihum jeweils ein Geräusch dazu erfinden.
- Demonstrieren Sie ein Geräusch, z. B. durch Patschen auf den linken Oberschenkel. Die Kinder machen es nach. Nun patschen Sie z. B. auf den rechten Oberschenkel. Die Kinder machen nach. Patschen Sie nun abwechselnd im gleichen Rhythmus auf die Oberschenkel. Die Kinder folgen. Wählen Sie den Rhythmus nicht zu schnell, damit die Kinder genug Zeit haben, die hinzukommenden Geräusche in den Rhythmus zu integrieren.
- Nun ist das erste Kind an der Reihe, ein Geräusch vorzumachen, z. B. Stampfen mit dem rechten Fuß.
- Alle Kinder stimmen ein und wiederholen die ersten beiden Geräusche und das Stampfen mit dem rechten Fuß solange, bis alle die Abfolge und den Rhythmus sicher gemeinsam spielen.
- Dann nicken Sie dem zweiten Kind zu und geben ihm damit das Signal, ein weiteres Geräusch, z. B. in die Hände klatschen, zu erfinden. Alle beginnen wieder mit den ersten drei Geräuschen und ergänzen das Klatschen, bis sie auch diese Abfolge und den Rhythmus spielen können. Die Gruppe spielt dabei immer weiter, auch wenn ein oder mehrere Kinder sich „verspielen".
- So geht es weiter, bis niemandem mehr ein neues Geräusch einfällt oder bis die Abfolge zu kompliziert wird. Dann klatschen alle in die Hände und trampeln mit den Füßen und setzen so einen wilden „Schlussakkord".

Variante:

Ist es zu schwer, immer neue Geräusche dazuzunehmen, lassen die Kinder immer nur ein Geräusch reihum wandern: Ein Kind klatscht z. B. in die Hände und ein Kind nach dem anderen steigt ein, bis alle Kinder klatschen. Danach ist das zweite Kind mit einem neuen Geräusch an der Reihe. Mit älteren Kindern können Sie dieses Spiel variieren: Jedes Kind, das in die Runde einsteigt, macht einen Schlag mehr als das vorangegangene. Die Kinder müssen also beim Mitklatschen auch noch mitzählen.

Art der Aktivität:
Spiel/Ritual

Kompetenzbereiche:
Gemeinschaftsgefühl erleben, musikalische Erfahrungen vertiefen, Selbstwertgefühl entwickeln, Körperwahrnehmung weiterentwickeln

Material:
–

Art der Aktivität:
Gespräch/Ritual

Kompetenzbereiche:
Empathie, Hilfsbereitschaft, Kommunikations- und Konfliktfähigkeit weiterentwickeln

Material:
Plakat mit Symbol für eine Gesprächsrunde,
z. B.:

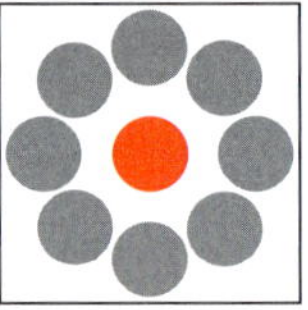

(K)ein Problem

Der Morgenkreis ist auch ein Forum, um aktuelle Ereignisse oder Schwierigkeiten untereinander anzusprechen. Wenn beispielsweise Konflikte nicht geklärt werden, können sie sich regelrecht aufschaukeln. Auch persönliche Probleme, wie etwa die mangelnde Anerkennung durch die Gruppe, das Gefühl, ausgegrenzt zu werden, oder auch Emotionen, die aus der Familie in die Gruppe wirken, wie das Verlieren des geliebten Stofftiers, oder existenzielle Erfahrungen, wie die Trennung der Eltern, der Tod der Oma oder der Wegzug eines Freundes, können im Kreis Thema werden.

So geht's:

- Haben Sie ein Problem in der Gruppe bemerkt oder tragen Kinder Ihnen Schwierigkeiten zu, legen Sie einen Tag fest, um darüber zu sprechen. Sie können dies bereits vorher ankündigen, damit die Kinder sich darauf einstellen können.
- Legen Sie das Plakat mit dem Symbol für die Gesprächsrunde in die Mitte. Es signalisiert den Kindern, dass im Kreis über Schwierigkeiten gesprochen wird. Beim ersten Mal besprechen Sie mit den Kindern, was das Symbol bedeutet. Lassen Sie die Kinder selbst überlegen, wofür das Zeichen stehen könnte.
- Erklären Sie, dass Sie es wichtig finden, Sorgen und Probleme, die die Gruppe betreffen, zusammen zu besprechen. So gibt es die Möglichkeit, etwas zu verändern, damit sich alle wohlfühlen.
- Besprechen Sie mit den Kindern Gesprächsregeln:
  - Jeder darf sich äußern und ausreden.
  - Jeder beschreibt seine eigenen Gefühle (Ich-Botschaften) und macht keine Vorwürfe.
- Sprechen Sie nun das Problem an bzw. bitten Sie das betreffende Kind, dies zu tun, z. B.:
  - „Maja fühlt sich ausgegrenzt, weil die anderen Mädchen sie nicht mit in der Puppenküche spielen lassen."
  - „Florian ist sauer, weil jemand dauernd seine Schuhe versteckt."
- Nun gilt es, darüber zu sprechen. Fragen Sie das Kind z. B.:
  - „Wie fühlst du dich dabei?"
  - „Was wünschst du dir?"
  - „Was tust du selbst, damit es sich ändert?"
- Die Kinder der Gruppe können vorschlagen, wie das Problem zu lösen sein könnte.
- Abschließend fassen Sie das Besprochene zusammen und stellen in Aussicht, wie es weitergeht, z. B.: „Wir wollen in einer Woche noch einmal darüber sprechen und sehen, ob das Problem dann noch besteht."

Nachrichtensprecher

Täglich erreichen uns Nachrichten über Ereignisse aus aller Welt. Auch Kinder bekommen Nachrichtenmeldungen mit oder hören zu, wenn sich Erwachsene darüber unterhalten. Dies kann bei manchen Kindern zu großer Verunsicherung und Ängsten führen, da sie Vieles überhaupt nicht einordnen können oder es sich aus ihrer magischen Vorstellungswelt heraus erklären. Der Morgenkreis kann hier Kindern ein Forum bieten, das zu äußern, was sie gerade beschäftigt, und sich mit dem Gehörten auseinanderzusetzen.

Art der Aktivität:
Gespräch / Ritual

Kompetenzbereiche:
Kommunikationsfähigkeit weiterentwickeln, Gefühle erkennen und verarbeiten, Orientierung finden

Material:
Stuhl oder Sitzkissen

So geht's:

- Nehmen Sie ein aktuelles Ereignis, das z. B. in den Medien präsent ist und sich auch in den Äußerungen der Kinder wiederfindet, zum Anlass, einen „Nachrichtenstuhl" im Morgenkreis einzuführen.
- Stellen Sie einen Stuhl oder legen Sie ein Sitzkissen neben sich in die Runde.
- Erzählen Sie den Kindern, dass Sie in den letzten Tagen gehört haben, wie sich Kinder über das betreffende Ereignis unterhalten haben, und geben Sie die Äußerungen / Fragen der Kinder wieder.
- Schlagen Sie den Kindern vor, dass ab jetzt an einem bestimmten Tag der Woche ein Kind im Morgenkreis Nachrichten erzählen darf, die es beschäftigen.
- Kündigen Sie den „Nachrichtentag" am Vortag im Morgenkreis an und bitten Sie die Kinder, sich zu überlegen, ob sie etwas mitzuteilen haben.
- Jedes Thema, das ein Kind bewegt, ist es wert, besprochen zu werden. Alle Kinder können anschließend Fragen stellen und über die Nachrichten sprechen. Wichtigste Regeln: Alle Nachrichtensprecher, aber auch alle Fragensteller werden mit Respekt behandelt! Keiner wird ausgelacht, denn es gibt keine dummen Fragen oder falschen Nachrichten.

Tipps:

- Einigen Sie sich mit den Kindern auf nur einen Nachrichtensprecher pro „Nachrichtentag".
- Legen Sie ein Nachrichtenbuch an. Hier kann der Nachrichtensprecher seine Mitteilungen hineinzeichnen. Den Kommentar zur Zeichnung schreiben Sie nach Angaben des Kindes darunter.
- Aus den Aufzeichnungen kann später auch eine Zeitung angefertigt werden.

Hinführung, Begrüßung und weitere Rituale

Art der Aktivität:
Ritual

Kompetenzbereiche:
Monatsnamen kennenlernen, Sachwissen vertiefen

Material:
3 leere Cappuccinopulverdosen, farbiges Tonpapier, Klebstoff, schwarzer Stift, zu den Sommermonaten Juli, August und September passende (Garten-)Zeitschriften, Sammelstücke und Funde (z. B. gepresste Blumen, Eintrittskarte vom Freibad, Einladung zum Sommerfest, Urlaubskarte, selbst gemalte Bilder)

Die Monatsdose

Um sich die Monatsnamen merken zu können und deren Zuordnung zu den Jahreszeiten zu begreifen, brauchen Kinder direkte Erfahrungen, die sie mit den Begriffen in Verbindung bringen. Das können sowohl die Veränderungen in der Natur sein als auch jahreszeitlich bedingte oder saisonal wiederkehrende Ereignisse im Kindergarten oder zu Hause, wie etwa ein Freibadbesuch oder ein gemeinsam erlebtes Sonnenwendfeuer. Ihre Beobachtungen und Erfahrungen dokumentieren die Kinder in einer „Monatsdose".

So geht's:

- Bekleben Sie eine Dose mit farblich passendem Papier und schreiben Sie den Monatsnamen darauf. Zu Beginn des Monats Juli stellen Sie diese Dose in die Mitte des Kreises.
- Erzählen Sie nun, dass der Monat Juli begonnen hat. Fragen Sie die Kinder, was sie über den Monat wissen, zu welcher Jahreszeit er gehört und welche Monate noch zum Sommer gehören.
- Schlagen Sie dann vor, für jeden Sommermonat eine Dose anzulegen, in die die Kinder alles legen können, was es im jeweiligen Monat gibt. Das können Bilder von Ereignissen im Kindergarten sein, Fundstücke oder Selbstgemachtes. Leitende Fragen sind z. B.: Was ist im Juli (bzw. August oder September) los? Welche Pflanzen wachsen im jeweiligen Monat? Welches Obst oder Gemüse wird reif?
- Zeigen Sie, was Sie selbst mitgebracht haben. Besprechen Sie mit den Kindern, was es ist, und legen Sie den Gegenstand in die Dose.
- Die Kinder können nun im Laufe des ganzen Monats immer wieder etwas in die Dose legen. Das jeweilige Kind sagt im Morgenkreis, dass es etwas für die Monatsdose hat, stellt vor, was es ist, und holt die Dose, um es hineinzulegen.
- Am Ende des Monats holen Sie nochmals die Dose hervor und betrachten gemeinsam mit den Kindern, was sie zusammengetragen haben.

Tipps:

- Führen Sie die Aktivität auch für die nächste Jahreszeit weiter. Betrachten Sie am Ende eines (Halb-)Jahres gemeinsam mehrere Monate und regen Sie die Kinder an, die Inhalte zu vergleichen.
- Markieren Sie die Dosen zusätzlich entsprechend der Jahreszeiten.
- Bewahren Sie die Dosen so auf, dass die Kinder jederzeit den Inhalt betrachten können.
- Statt der Dosen können Sie auch Schuhkartons verwenden.

Kalenderdienst

Ein Monatskalender visualisiert zeitliche Begriffe und hilft den Kindern allmählich zu verstehen, wie viele Tage eine Woche bzw. ein Monat haben, wie viele Monate ein Jahr hat sowie den Zusammenhang zwischen Monaten und Jahreszeiten. Durch den täglichen Kalenderdienst erleben die Kinder zudem bewusst, wie lange es dauert, bis ein Monat vergangen ist.

Art der Aktivität:
Ritual

Kompetenzbereich:
Kalender kennenlernen

Material:
Monatskalender zum Umblättern, grüner, roter, gelber und blauer Farbstift oder Textmarker

Vorbereitung:

Markieren Sie die Jahreszeiten im Kalender mit einem breiten farbigen Streifen in einer passenden Farbe am Rand der Seiten, z. B. Grün für den Frühling, Rot für den Sommer, Gelb für den Herbst und Blau für den Winter. Wählen Sie den kalendarischen Beginn der jeweiligen Jahreszeit, also z. B. den 21. Juni für den Sommeranfang.

So geht's:

- Hängen Sie den Kalender im Raum auf, sodass ihn die Kinder im Morgenkreis gut erreichen können.
- Jeweils zwei Kinder übernehmen immer am Montag den Kalenderdienst und sind dann für die ganze Woche eingeteilt. Sie
  - streichen den vergangenen Tag durch (am Montag also den Freitag, Samstag und Sonntag),
  - markieren den aktuellen Tag, z. B. mit einem Kreis,
  - benennen den Wochentag und soweit möglich das Datum, sowie den Monat und die Jahreszeit.
- Besonders zum Beginn des Kindergartenjahres ist es sinnvoll, ein älteres und ein jüngeres Kind zusammen für den Kalenderdienst einzuteilen. Sind alle Kinder sicher im Gebrauch des Kalenders, können sich die Paare auch selbst bilden.
- Der Kalenderdienst muss nicht perfekt sein! Alle sollen mitlernen und unterstützen die „Kalenderdienstkinder“. Fehler machen ist erlaubt! Achten Sie darauf, dass die Betreffenden bei Fehlern oder Unsicherheiten nicht ausgelacht oder herabgesetzt werden.

Variante:

Sie können auch einen Wochenkalender verwenden oder einen Tageskalender, bei dem die einzelnen Blätter abgerissen werden. Passen Sie die Aktivität entsprechend an.

Methodentipp: Jahreskalender

Ein ganzes Jahr auf einen Blick – ein Jahreskalender visualisiert nicht nur zeitliche Begriffe, sondern macht Kindern zudem deutlich, wie weit das Jahr bereits fortgeschritten ist.

Herstellung:

- Messen Sie den für die Jahresleiste vorhandenen Platz aus. Damit pro Monat etwa 30 cm zur Verfügung stehen, sollte die Leiste mindestens 3,60 m lang sein, besser mehr, damit die Zahlen für die Tage nicht zu klein werden.
- Halten Sie Fotokarton in verschiedenen Farben, Express-Holzleim, mehrere Schraubzwingen, Stifte, Bohrmaschine, Schrauben, Dübel und Unterlegscheiben bereit.
- Besorgen Sie für die Jahresleiste zwei Holzleisten mit 2 bzw. 4 cm Höhe und jeweils 1 cm Dicke in der möglichen Länge. Leimen Sie die beiden Leisten wie abgebildet aufeinander und fixieren Sie sie mit Schraubzwingen, bis der Leim ausgehärtet ist.
- Für den Tagesanzeiger benötigen Sie zwei jeweils 1 cm dicke und 3 cm breite Holzleistenstücke mit 6 bzw. 4 cm Höhe. Diese Holzstücke werden so aufeinander geleimt, dass die Unterkanten exakt bündig sind. Bringen Sie auch hier eine Schraubzwinge an, bis der Leim hält.

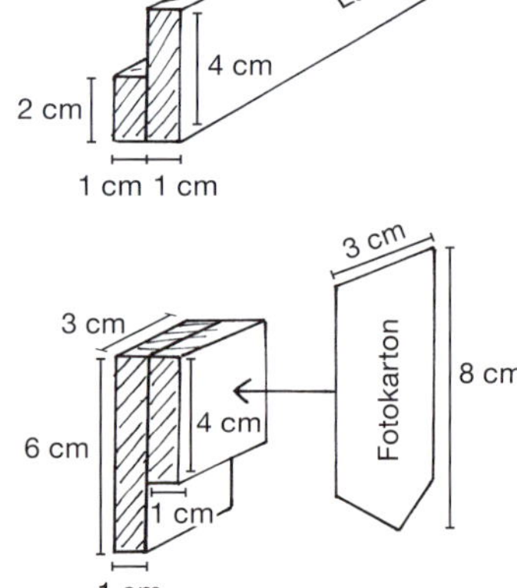

- Nun kleben Sie einen Pfeil aus Fotokarton (8 cm lang / 3 cm breit) so auf das kürzere Holzstück des Tagesanzeigers, dass er an der Oberkante des Holzstücks etwa 1 cm übersteht.
- Durchbohren Sie die Jahresleiste an mehreren Stellen und bohren sie entsprechend Löcher in die Wand. Befestigen Sie die Leiste mit Schrauben und Dübeln. Wenn Sie bei jeder Schraube jeweils eine Unterlegscheibe zwischen Wand und Holzleiste verwenden, lässt sich später der Tagesanzeiger leichter bewegen.
- Schneiden Sie entsprechend der Gesamtlänge zwölf verschiedenfarbige Streifen aus Fotokarton für die Monate zu und beschriften Sie sie mit der passenden Anzahl der Tage sowie dem Monatsnamen – den 29. Februar nicht vergessen! Bringen Sie die Streifen unterhalb der Leiste an.
- Der Tagesanzeiger wird wie abgebildet auf die Jahresleiste gesetzt.

Einsatz:

Jeden Tag schiebt ein Kind den Pfeil weiter und nennt Tag und Monat. Die anderen Kinder sehen zu und unterstützen das Kind ggf. dabei.

Wer rote Schuhe anhat, steht auf

Wenn die Kinder nach dem Morgenkreis alle auf einmal aus dem Raum stürmen, um z. B. das Bad oder die Garderobe aufzusuchen, entsteht leicht ein großes Gedränge. Manche Kinder fühlen sich von dieser Situation überfordert. Das folgende Spiel bietet Ihnen eine abwechslungsreiche Möglichkeit, um den Morgenkreis abzuschließen und zugleich die Kinder in kleinen Gruppen aus dem Kreis zu entlassen. Zudem haben die Kinder viel Freude daran, Gemeinsamkeiten zu entdecken.

Art der Aktivität:
Abschlussspiel

Kompetenzbereiche:
Wahrnehmung und soziales Miteinander weiterentwickeln, Geduld entwickeln

Material:
–

So geht's:

- Schlagen Sie den Kindern vor, den Morgenkreis mit einem Spiel zu beenden.
- Informieren Sie die Kinder beim Spiel zugleich, was sie tun bzw. wohin sie gehen sollen, z. B.: „Wer rote Schuhe anhat, geht zum Händewaschen."
- Die Kinder müssen nun überprüfen und entscheiden, ob sie gemeint sind. Für jüngere Kinder ist die Ansage „Wer etwas Rotes anhat, geht zum Händewaschen" leichter umzusetzen.
- Rufen Sie nun auf diese Art nach und nach alle Kinder auf. Bleiben Sie an diesem Tag oder auch für mehrere Tage bei den Farben. So vertiefen die Kinder die Farbnamen und genießen die Wiederholung.
- Variieren Sie dann z. B. folgendermaßen:
  - Wer einen Pferdeschwanz (Pony, Zöpfe) hat, geht zum Frühstück.
  - Wer einen Bruder (Schwester) hat, …
  - Wer eine Zahnlücke hat, …
  - Wessen Name mit A beginnt, …
  - Wer ein L im Namen hat, …
  - Wer einen Hund zu Hause hat, …
  - Wer heute schon Milch getrunken hat, …
  - Wer heute schon einen Regenwurm gerettet hat, …
  - Wer eine Sonne (Blume, Tier, Auto) auf seiner Kleidung hat, …

Variante:

An Tagen, an denen es egal ist, wie viele Kinder gleichzeitig aufstehen, können Sie besonders lustige Varianten vorschlagen, z. B:

- Wer Hände hat, …
- Wer einen Namen hat, …
- Wer Hunger hat, …
- Wer nachts im Bett schläft, …

Art der Aktivität:
Abschlussspiel

Kompetenzbereiche:
Geduld entwickeln, soziales Miteinander weiterentwickeln

Material:
Kegel oder Flasche

Zufallspaare

Manchmal ist es notwendig, dass jeweils zwei Kinder gemeinsam den Morgenkreis verlassen, etwa wenn anschließend eine Aktivität paarweise durchgeführt wird oder sich die Kinder paarweise anstellen sollen. Bei diesem Abschlussspiel bilden sich Zufallspaare.

So geht's:

- Erklären Sie kurz den Grund des Spiels und was die Paare anschließend tun bzw. wohin sie gehen sollen.
- Beim Spiel selbst sitzen die Kinder im Kreis. Dann legen Sie einen Kegel oder eine Flasche in die Kreismitte. Als Erstes beginnt z. B. das Kind, das links neben Ihnen sitzt.
- Es geht zu Mitte und gibt dem Kegel Schwung, sodass er sich um die eigene Achse dreht. Das Kind, auf das die Kegelspitze zeigt, wenn der Kegel wieder stillsteht, ist der Partner des Kindes.
- Dieses Kind steht nun auf, dreht seinerseits den Kegel und bestimmt damit das Kind, das als Nächstes einen Partner erspielen darf.
- Anschließend verlässt es gemeinsam mit dem ersten Kind den Morgenkreis und beide tun das, was vorher abgesprochen wurde.
- Die anderen Kinder wählen sich auf die gleiche Weise einen Partner bzw. bestimmen das nächste Kind, das sich einen Partner erspielt.
- Je weniger Mitspieler im Kreis sitzen, desto schwieriger kann es sein, dass die Kegelspitze auf ein Kind zeigt. Es bietet sich an, dann den Kreis zu verkleinern.
- Bei einer ungeraden Kinderzahl findet das letzte Kind keinen Partner. Es geht gemeinsam mit der Erzieherin hinaus und darf beim nächsten Mal das Spiel beginnen.

Tipp:

Das Spiel eignet sich gut, um zwei Mannschaften zu bilden. Dafür dreht jeweils der Spielführer einer Mannschaft so lange den Kegel, bis alle Spieler ausgesucht sind.

Variante:

Benutzen Sie statt des Kegels einen großen Pfeil aus fester Pappe. Nageln Sie ihn auf eine feste Platte. Setzen Sie eine Holzperle o. Ä. als Abstandshalter zwischen Platte und Pfeil, sodass sich der Pfeil leicht drehen lässt.

Sommer-Memory

Soll nach dem Morgenkreis ein ruhiger Übergang geschaffen werden, ist es sinnvoll, wenn die Kinder paarweise oder in kleinen Gruppen aufstehen. Dies gelingt mit folgendem Abschlussspiel. Die Kinder sollten sich bereits mit dem Thema Sommer auseinandergesetzt haben und wissen, welche Pflanzen in dieser Jahreszeit blühen bzw. welche Gemüse und Früchte reifen.

Vorbereitung:

Sammeln Sie mit den Kindern je zwei Exemplare von im Sommer blühenden Pflanzen und pressen Sie diese z. B. in dicken Büchern zwischen Lagen aus Zeitungspapier. Kopieren Sie die Bildkarten von Seite 22 zweimal, kleben Sie sie auf Karton und bitten Sie die Kinder, die Motive auszumalen. Zeichnen Sie weitere Karten in derselben Größe auf Karton und kleben Sie mit den Kindern jeweils paarweise die getrockneten Pflanzen auf. Schneiden Sie alle Karten aus und laminieren Sie sie oder benutzen Sie durchsichtige Klebefolie, um sie haltbarer zu machen.

So geht's:

- Legen Sie zum Abschluss des Morgenkreises die Kartenpaare verdeckt in der Mitte aus, sodass für jedes Kind eine Karte vorhanden ist.
- Alle Kinder ziehen eine Karte und legen sie offen vor sich. So können Sie und die anderen Kinder helfen, falls ein Kind eine Bezeichnung nicht kennt.
- Nun nennen Sie einen Pflanzen- bzw. Obst- oder Gemüsenamen und die Kinder überprüfen, ob er mit der vor ihnen liegenden Karte übereinstimmt.
- Die Kinder mit den zugehörigen Bildkarten melden sich, legen die Karten bei Ihnen ab und stehen auf.

Variante:

Legen Sie nur einen Satz Karten für die Kinder in die Mitte. Die Dubletten liegen bei Ihnen. Wenn jedes Kind eine Karte vor sich liegen hat, ziehen Sie eine der Dubletten und zeigen sie den Kindern. Wer dasselbe Motiv vor sich liegen hat, hält es hoch, benennt es, bringt die Karte zu Ihnen und geht hinaus.

Tipp:

Stellen Sie mit den Kindern noch weitere Bildkarten mit sommerlichen Motiven her, z. B. mit Bienen und Wespen (siehe S. 29 ff.) oder mit Wettersymbolen (siehe S. 33) und setzen Sie diese zur Sprachförderung (siehe S. 41) ein, indem die Kinder jeweils zwei bis drei Bildkarten ziehen und dazu eine kurze Geschichte erfinden.

Art der Aktivität:
Abschlussspiel

Kompetenzbereiche:
soziales Miteinander, Aufmerksamkeit und Merkfähigkeit weiterentwickeln, Sachwissen vertiefen

Material:
Bildkartenpaare (siehe S. 22), je 2 Exemplare von im Sommer blühenden Pflanzen (z. B. Lavendel, Johanniskraut, Margerite, Glockenblume, Schafgarbe, Kamille, Löwenzahn oder Klee), Karton, Schere, Klebstoff, durchsichtige Klebefolie oder Laminiergerät

Gestaltungsvorlage: Sommerliche Obst- und Gemüsesorten

Infoseite: Sommer

- Der Sommer beginnt am 21. Juni, dem Tag der Sommersonnenwende. Es ist der längste Tag im Jahr mit fast 16 Stunden Tageslicht. Von jetzt an werden die Tage wieder kürzer bis zur Tag-und-Nacht-Gleiche am 22. September, dem Herbstanfang. In manchen Gegenden wird ein großes Feuer entzündet und ein Sonnenwendfest gefeiert.
- Auch am 24. Juni, dem Johannistag, brennen vielerorts „Johannisfeuer", ursprünglich um die Geburt Johannes des Täufers zu feiern. In manchen Regionen werden in der Nacht brennende Räder einen Berg hinabgerollt und es findet ein Tanz um das Feuer statt. Bekannt ist auch der Brauch, am Johannistag sieben bzw. neun verschiedene Blumen und Kräuter zu pflücken und daraus einen Kranz zu flechten. Die Kränze werden über Tür oder Fenster gehängt und sollen vor Geistern schützen; ein Johanniskranz unter dem Kopfkissen soll Glück in der Liebe bringen. Auch als Wetterlostag (s. u.) spielt der Tag eine Rolle.
- Im Sommer kann es sehr heiß und trocken werden, oder instabile Wetterlagen bringen viele Regentage. Da die Landwirtschaft sehr stark vom Wetter abhängig ist, haben Landwirte seit jeher versucht, das Risiko von Missernten durch regelmäßige Wetterbeobachtungen zu verringern. Ihre Erfahrungen fassten sie in sogenannte Bauernregeln, meist in Reimform. Die zeitliche Einordnung erfolgte über sogenannte Wetterlostage bzw. über den jeweiligen Tagesheiligen, z. B.:
  - 24. Juni, Johannistag: Wenn kalt und nass Johannis war, verdirbt er meist das ganze Jahr.
  - 27. Juni, Siebenschläfertag: Ist der Siebenschläfer nass, regnet's ohne Unterlass.
  - 26. Juli, St. Anna: Ist Sankt Anna erst vorbei, kommt der Morgen kühl herbei.
  - 15. August, Mariä Himmelfahrt: Um Mariä Himmelfahrt, das wisse, gibt es schon die ersten Nüsse.
  - 1. September, St. Ägidius: Gib auf Ägidius wohl acht, er sagt dir, was der Monat macht.
- Als „Hundstage" werden die heißesten Tage des Sommers bezeichnet. Der Name kommt vom Stern „Sirius" im Sternbild „Großer Hund", der in der Zeit vom 23. Juli bis zum 24. August am Morgenhimmel erscheint.
- Uns Menschen kann die Sonneneinstrahlung im Sommer zu schaffen machen. Wenn uns heiß ist, schwitzen wir und müssen den Flüssigkeitsverlust durch Trinken ausgleichen, sonst kann es im schlimmsten Fall zu einem Hitzschlag kommen. Es entwickelt sich ein Wärmestau im Körper und es kommt zu hohem Fieber und Schwindel bis hin zur Bewusstlosigkeit. Ein Sonnenstich entsteht, wenn die Sonne lange direkt auf Kopf und Nacken brennt. Kopfschmerzen, Schwindel, Übelkeit, Erbrechen, Benommenheit sind einige der Symptome. Vor allem kleine Kinder sind gefährdet sowie Menschen mit Glatze oder kurzen Haaren. Eine helle Kopfbedeckung kann vorbeugen. Generell gilt, dass die Haut bei einem Aufenthalt in der Sonne durch ein dem Hauttyp angepasstes Sonnenschutzmittel sowie die Augen durch eine Sonnenbrille geschützt werden sollten.

Art der Aktivität:
Umweltterkundung

Kompetenzbereiche:
Wahrnehmung und Gemeinschaftsgefühl weiterentwickeln, Sachwissen vertiefen

Material:
Bestimmungsbücher für Pflanzen, mehrere Schachteln in verschiedenen Größen

Fundstücke

Woran merken wir, dass es Sommer ist? Die Jahreszeiten lassen sich unter anderem an den Veränderungen in der Natur ablesen. Regen Sie die Kinder an, zu Hause oder auf ihrem Weg in den Kindergarten, die Augen offen zu halten und nach Kennzeichen des Sommers zu suchen. Da lässt sich einiges entdecken und als Anschauungsmaterial für die anderen Kinder mitbringen.

So geht's:

- Nachdem Sie im Vorfeld mit den Kindern über den Sommeranfang gesprochen haben und darüber, woran sie erkennen können, dass nun eine andere Jahreszeit ist, erhalten die Kinder den Auftrag, auf ihrem Weg in den Kindergarten z. B. ein Blatt, einen Grashalm, eine Blüte oder eine Frucht zu sammeln. An einem festgelegten Tag bringen sie ihre Fundstücke in den Morgenkreis mit.
- Nun stellen die Kinder nacheinander ihre Funde vor. Sie erzählen, warum sie gerade dieses Blatt gepflückt oder diesen Stein aufgehoben haben und was der Gegenstand mit dem Sommer zu tun hat.
- Wenn möglich, nennen die Kinder auch den Namen der Pflanze. Bieten Sie ggf. an, später gemeinsam in Bestimmungsbüchern nachzusehen, um welche Pflanze es sich handelt.
- Stellen Sie für jede Kategorie an Fundstücken eine Schachtel bereit. Jedes Mal, wenn Sie die Vorstellrunde durchführen, sortieren die Kinder ihre Funde in die Schachteln. So füllt sich z. B. die Blätterschachtel recht schnell und die Schachtel für die Schneckenhäuser bleibt vielleicht lange leer.
- Holen Sie gelegentlich die Schachteln in den Morgenkreis und betrachten Sie gemeinsam mit den Kindern die Inhalte. Beobachten Sie die Veränderungen der Fundstücke und ergründen Sie, warum das so ist.

Tipps:

- Dauert die Vorstellrunde zu lange, teilen Sie sie auf mehrere Tage auf.
- Informieren Sie die Eltern im Vorfeld am besten schriftlich über diese Aktivität, damit sie nachvollziehen können, wenn die Kinder langsamer unterwegs sind und sich nach Sammelobjekten umsehen.
- Wenn Sie die Vorstellrunde immer montags durchführen, können die Kinder auch am Wochenende Ausschau nach Sommerkennzeichen halten und ihre Funde am Montag vorzeigen. Die Kinder lernen so ganz nebenbei den Rhythmus von Wochenende und Werktagen kennen.

Sommersachen

Ein Kennzeichen des Sommers sind steigende Temperaturen. Endlich können die Kinder wieder barfuß laufen oder im Wasser plantschen. Sie spielen viel mehr im Freien und verwenden ganz andere Materialien für ihre Spiele als in der kalten Jahreszeit. Können die Kinder diese Gegenstände nur durch Tasten erkennen und feststellen, was sie mit dem Sommer zu tun haben?

So geht's:

- Die Kinder haben sich bereits mit den Kennzeichen des Sommers auseinandergesetzt.
- Legen Sie die vorbereiteten Materialien in die Mitte und geben Sie den Kindern Gelegenheit, die Gegenstände zu betrachten.
- Erklären Sie den Kindern kurz die Spielregeln und verbinden Sie dem Kind, das beginnen möchte, die Augen.
- Nun legen Sie dem Kind nacheinander drei Gegenstände in die Hand. Sagen sie dazu folgenden Spruch:

Ich hab drei Dinge ausgewählt,
fühl, was dir deine Hand erzählt.

- Das Kind betastet die Gegenstände nacheinander und versucht dabei zu erkennen, worum es sich jeweils handelt. Dabei beschreibt es, welche Eigenschaften es ertastet.
- Wenn das Kind keine passenden Worte findet, fragen Sie nach: „Fühlt es sich weich (hart, rau, biegsam usw.) an?"
- Anschließend legen Sie die Sachen wieder zu den anderen in die Kreismitte zurück.
- Das Kind nimmt die Augenbinde ab und sucht die Dinge heraus, die es erkannt hat.
- Nun sind auch die anderen Kinder aufgefordert, sich zu überlegen, was dieser Gegenstand mit dem Sommer zu tun hat.
- Anschließend ist das nächste Kind mit Tasten und Erraten an der Reihe.

Art der Aktivität:
Kimspiel

Kompetenzbereiche:
Konzentrationsfähigkeit, Wahrnehmung und Merkfähigkeit weiterentwickeln, Sprachkompetenz ausbauen

Material:
Augenbinde, dem Sommer zuordenbare Materialien (z. B. Taucherbrille, Badehose, kleine Gießkanne, Federball, Sonnencreme, Sandspielzeug, Muscheln, Sand)

Art der Aktivität:
Liedbegleitung

Kompetenzbereiche:
musikalische Erfahrungen vertiefen, Lied rhythmisch begleiten

Material:
Lied S. 27, Schlaghölzer, Rasseln, Schellen

Trarira, der Sommer, der ist da!

Der Sommer ist für die meisten Menschen eine Zeit gesteigerter Lebensfreude. Die Kinder halten sich viel im Freien auf und können sich wieder so richtig austoben. Was liegt näher, als den Sommer mit einem Lied lautstark zu begrüßen und seiner Freude Ausdruck zu verleihen?

So geht's:

- Singen Sie den Kindern das Lied vor.
- Dann laden Sie die Kinder ein, beim nächsten Durchgang mitzuklatschen. Achten Sie auch beim Singen darauf, den Rhythmus zu betonen.
- Gehen Sie nun den Text durch und sprechen Sie über den Inhalt des Liedes. Was will es vermitteln? Was drückt das „Trarira" aus?
- Sprechen Sie mit den Kindern darüber, wie sie Freude ausdrücken. Lassen Sie die Kinder überlegen, wie sie dies auch beim Singen umsetzen können.
- Singen Sie dann gemeinsam entsprechend der Vorschläge der Kinder.
- Falls es die Kinder noch nicht selbst vorgeschlagen haben, bieten Sie einige Rhythmusinstrumente an, um der Freude über den Sommer Ausdruck zu verleihen. Die anderen Kinder setzen körpereigene Instrumente ein, d. h. klatschen oder stampfen beispielsweise.
- In einem weiteren Durchgang begleiten die Kinder nun ihren Gesang.
- Wird es zu laut, sodass das Singen zu stark in den Hintergrund gerät, beschränken Sie die Begleitung auf die erste und letzte Verszeile.
- Es können auch nur bestimmte Instrumente an vorher abgesprochenen Textstellen oder Strophen zum Einsatz kommen.

Tipps:

- Stellen Sie mit den Kindern selbst Instrumente her, z. B. Rasseln aus Waschmittelflaschen, die mit verschiedenen Materialien gefüllt sind.
- Dichten Sie das Lied auch für andere Jahreszeiten um und singen Sie es in den passenden Monaten.

Trarira, der Sommer, der ist da!

Text: volkstümlich
Melodie: Ludwig Erk (1807–1883)

2. Trarira, der Sommer, der ist da!
   Wir wollen zu den Hecken
   und woll'n den Sommer wecken.
   Ja, ja, ja, der Sommer, der ist da!

3. Trarira, der Sommer, der ist da!
   Der Winter ist zerronnen,
   der Sommer hat begonnen.
   Ja, ja, ja, der Sommer, der ist da!

Art der Aktivität:
Gestalten

Kompetenzbereiche:
Brauchtum kennenlernen, Feinmotorik weiterentwickeln, Sachwissen vertiefen

Material:
Zweige mit Eichenlaub sowie Stängel von Kräutern und Blumen (z. B. Johanniskraut, Bärlapp, Beifuß, Farnkraut, Klatschmohn, Kornblumen, Lilien, Rosen), Gartenschere, Blumendrahtstücke

Johanniskranz

Der Brauch, den 24. Juni als Gedenktag zur Geburt Johannes des Täufers zu feiern, ist in vielen Gegenden fast vergessen. Johannisfeuer oder Feuer zur Sommersonnenwende zu entzünden und dabei gemeinsam zu feiern, ist jedoch in vielen Regionen auch heute noch üblich. Der alte Brauch, an diesem Tag Kränze aus Kräutern zu binden und sie zum Schutz gegen Böses aufzuhängen, hat eine sehr sinnliche Seite: Das Binden mit den Händen ist ein haptisches Erlebnis. Die Blüten und Zweige duften herrlich und sind ein Augenschmaus.

So geht's:

- Legen Sie die Pflanzen in die Kreismitte und lassen Sie die Kinder die Pflanzen erkunden.
- Benennen Sie gemeinsam die Pflanzen. Haben die Kinder die Pflanzen zuvor schon einmal gesehen?
- Dann nehmen Sie einen Johanniskrautzweig und erzählen Sie vom Johannistag und von dem alten Brauch, an diesem Tag einen Kranz aus sieben oder neun verschiedenen Kräutern und Blumen zu binden (siehe Infoseite, S. 23).
- Geben Sie den Fragen und Vorstellungen der Kinder Raum.
- Dann schlagen Sie vor, dass die Kinder selbst Kränze aus den Stängeln und Zweigen flechten.
- Demonstrieren Sie, wie sich zwei Stängel oder Zweige mithilfe eines Stücks Blumendraht verbinden lassen. Schlagen Sie vor, dass immer zwei Kinder gemeinsam einen Kranz binden, sodass jeweils ein Kind die Zweige festhalten und ein anderes sie mit Blumendraht umwickeln kann.
- Weisen Sie unbedingt darauf hin, dass alle sehr vorsichtig mit den Drahtstücken umgehen sollen, damit sich niemand verletzt.

Tipps:

- Nutzen Sie den Johannistag oder die Sommersonnenwende, um mit Eltern und Kindern gemeinsam ein Sommerfest zu feiern und, falls dies in Ihrem Ort möglich ist, ein Sonnenwendfeuer zu entzünden. Die örtliche Feuerwehr erteilt entsprechende Auskunft.
- Bieten Sie das Kranzbinden als Eltern-Kind-Projekt an. Am Ende des Festes darf jede Familie ihren Kranz mit nach Hause nehmen.

Infoseite: Wespen und Bienen

- Mit dem Begriff „Wespe“ verbinden die meisten Menschen die gelb-schwarz gefärbten Insekten der Familie der Faltenwespen. Sie gehören wie auch mehrere Ameisen- und Bienenfamilien zur Ordnung der Hautflügler. Ihre Fühler sind lang und schwarz, die vorderen Flügel größer als die hinteren. Im Gegensatz zur Biene und zur Hummel ist der Körper der Wespe nicht behaart.
- Wespen fliegen hauptsächlich von April bis Oktober. Im April verlässt die Jungkönigin ihr Winterquartier und gründet das Nest z. B. in einem verlassenen Mäusebau. Aus den ersten Zellen schlüpfen Arbeiterinnen, die dann die Nahrungssuche und den Nestbau übernehmen. Auf dem Höhepunkt der Entwicklung kann ein Volk etwa 7000 Tiere zählen. Das Volk stirbt mit Ausnahme der verpaarten Jungköniginnen im Herbst ab.
- Von den über 600 Wespenarten in Mitteleuropa werden meist nur die Gemeine Wespe und die Deutsche Wespe aufdringlich, wenn sie im Hochsommer am Gartentisch oder in den Auslagen von Konditoreien auf Nahrungssuche gehen. Aggressiv werden sie, wenn sie sich oder ihren Nestbereich bedroht fühlen. Normalerweise verursacht ein Wespenstich bei einem gesunden Menschen nur eine recht schmerzhafte und stark juckende Schwellung. Bei einer Insektengiftallergie kann ein Stich aber zu einem lebensbedrohlichen Schock führen.
- Wespen sind jedoch Nützlinge, denn sie fangen andere Kleininsekten, um ihre Larven damit zu füttern. Nektar, Pollen und Pflanzensaft machen den größten Teil ihrer Nahrung aus. An trockenem Holz nagen sie, um den Grundstoff zum Bau ihrer Papiernester zu sammeln.
- Spricht man von Bienen, ist meist die Honigbiene gemeint. Es gibt jedoch allein in Deutschland etwa 500 verschiedene Bienenarten. Diese sogenannten Wildbienen (1,3 mm – 3 cm groß) unterscheiden sich in Färbung oder Musterung sehr von der Honigbiene. Manche bilden Staaten, die meisten Arten leben jedoch allein. Viele dieser „Einsiedlerbienen“ sind auf eine einzige Pflanzenart spezialisiert.
- Die Honigbiene ist braun, einzelne Segmente am Hinterleib können eine hellere Färbung haben. Der Brustabschnitt ist gelbbräunlich behaart.
- Honigbienen leben in Staaten. Es gibt eine Königin, die die Eier legt, und Arbeiterinnen, denen im Laufe ihres Lebens verschiedene Aufgaben zufallen wie Wabenzellen bauen, Larven füttern, das Einflugloch des Bienenstocks bewachen oder neue Futterquellen auskundschaften sowie Nektar und Pollen sammeln. Von April bis Juli gibt es auch männliche Bienen, sogenannte Drohnen, zur Befruchtung der Königin.
- Bienen ernähren sich von Nektar und Blütenstaub und spielen somit eine bedeutende Rolle bei der Bestäubung von Pflanzen. Den Nektar saugt die Biene mit ihrem Rüssel aus den Blüten und transportiert ihn im „Honigmagen“ in den Bienenstock. An den sogenannten Körbchen an den Hinterbeinen sammelt sie den Blütenstaub.
- Auch Bienen können stechen. Die Arbeiterin hat in ihrem Hinterleib einen Giftstachel, mit dem sie sich gegen andere Insekten wehren kann. Sticht sie ein Säugetier oder einen Menschen, bleibt ihr Stachel mit kleinsten Widerhaken hängen. Beim Abflug reißt sich die Biene im Gegensatz zur Wespe den Stachel aus dem Körper und stirbt.

Art der Aktivität:
Gespräch / Singspiel

Kompetenzbereiche:
biologische Zusammenhänge kennenlernen, Gefühle erkennen und verarbeiten, musikalische Erfahrungen und Sachwissen vertiefen, Text in Bewegung umsetzen

Material:
Abbildung einer Biene und einer Wespe, Lied S. 31

Summ, summ, summ

Sobald im Garten Blüten erscheinen, kommen die ersten Bienen geflogen. Im Sommer kommen auch vermehrt Wespen hinzu. Viele Kinder können beide nicht unterscheiden. Sie haben Angst, gestochen zu werden, und geraten in Panik, wenn ihnen ein Insekt nahekommt. Es ist wichtig, die Ängste ernst zu nehmen. Die Tiere besser kennenzulernen kann jedoch dazu beitragen, dass Kinder in den entsprechenden Situationen gelassener bleiben. Ein Lied unterstützt sie dabei, sich mit dem Thema spielerisch auseinanderzusetzen.

So geht's:

- Zeigen Sie im Kreis Bilder von Wespen und Bienen und bitten Sie die Kinder, deren Aussehen zu beschreiben. Wodurch unterscheiden sie sich?
- Haben die Kinder bereits Erfahrungen mit den Insekten gemacht? Geben Sie den Kindern die Gelegenheit, von ihren Erlebnissen zu berichten.
- Bitten Sie nun die Kinder zu erzählen, was sie über die Lebensweise der beiden Insektenarten wissen. Ergänzen Sie im Gespräch ggf. fehlende Informationen (siehe Infoseite, S. 29).
- Anschließend erzählen Sie den Kindern, dass Sie ein Lied über eines der Tiere mitgebracht haben.
- Singen Sie das Lied vor, sprechen Sie mit den Kindern über den Text und üben Sie es Strophe für Strophe.
- Zur Festigung beginnen Sie mit dem Spiel. Die Kinder stehen dazu im Kreis. Ein Kind geht als Biene in die Mitte. Es können auch mehrere Kinder gleichzeitig Bienen darstellen.

Summ, summ, summ, Bienchen summ herum.	*Alle Kinder drehen sich um sich selbst.* *Das Bienenkind bewegt seine Arme wie Flügel und läuft im Kreis herum.*
1. Ei, wir tun dir nichts zuleide, flieg nur aus in Wald und Heide.	*Die Kinder im Kreis bilden mit ihren Händen Blütenkelche.*
2. Such in Blüten, such in Blümchen, dir ein Tröpfchen, dir ein Krümchen.	*Das Bienenkind fliegt zu einzelnen Kindern und tut so, als ob es den Nektar aus den Blütenkelchen trinkt.*
3. Kehre heim mit reicher Habe, bau uns manche volle Wabe.	*Das Bienenkind tut so, als ob es eine Wabe baut und seine mitgebrachten Vorräte dort ablegt.*

Summm, summ, summ

Text: Heinrich Hoffmann von Fallersleben (1798–1874)
Melodie: böhmische Volksweise

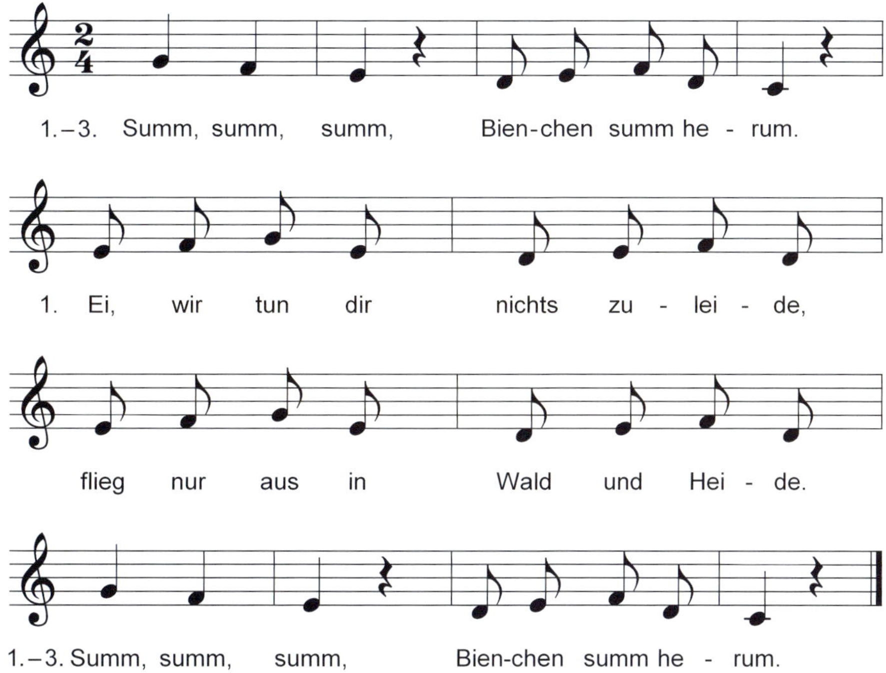

2. Summ, summ, summ,
   Bienchen summ herum.
   Such in Blüten, such in Blümchen,
   dir ein Tröpfchen, dir ein Krümchen.
   Summ, summ, summ,
   Bienchen summ herum.

3. Summ, summ, summ,
   Bienchen summ herum.
   Kehre heim mit reicher Habe,
   bau uns manche volle Wabe.
   Summ, summ, summ,
   Bienchen summ herum.

Art der Aktivität:
Spiel

Kompetenzbereiche:
Sachwissen vertiefen, Wahrnehmung und Kooperationsfähigkeit weiterentwickeln

Material:
mehrere Illustrierte und/oder Werbeprospekte, Ton- oder Pappkarton, Schere, Klebstoff

Wespenrennen

Wenn sich die Kinder bereits mit der Lebensweise von Bienen und Wespen beschäftigt (siehe S. 30) und/oder Erfahrungen mit Wespen im Sommer gesammelt haben, bietet sich dieses Spiel an, um Ängste abzubauen und sich spielerisch mit den Vorlieben von Wespen auseinanderzusetzen.

Vorbereitung:

Stellen Sie im Vorfeld mit den Kindern mindestens acht Abbildungen in DIN-A4-Größe von Speisen und Getränken her, die Wespen anlocken, z. B. Kuchenstück, Eis, Limonade, Obst, Würstchen, Blüte. Die Kinder können die Gegenstände z. B. aus Illustrierten ausschneiden und auf Ton- oder Pappkarton aufkleben.

So geht's:

- Die Kinder bilden zwei Mannschaften. Die Kinder sind Wespen, die aus ihrem Nest ausfliegen wollen, um Nahrung für sich und ihre Larven zu suchen.
- Vor jeder Wespengruppe sind jeweils vier der Abbildungen mit ausreichend Abstand in einer Reihe ausgelegt, sodass jeweils eine der Wespen im Slalom zwischen den Abbildungen durchlaufen kann.
- Auf ein Startsignal hin startet jeweils die erste Wespe der beiden Gruppen mit ihrem Slalom, kreist einmal um das letzte Bild in der Reihe und fliegt im Slalom wieder zum Nest zurück.
- Die heimkehrende Wespe klatscht in die Hand der nächsten Wespe im Nest als Signal für deren Start.
- Die Gruppe, bei der alle Wespen am schnellsten wieder im Nest gelandet sind, hat gewonnen. Wer vergisst, die letzte Abbildung zu umkreisen, muss den Slalom nochmals von vorne beginnen.

Tipp:

Seien Sie Vorbild. Bleiben Sie gelassen und ruhig, wenn Bienen oder Wespen auftauchen. Nutzen Sie das Spiel, um die Kinder im Umgang mit Wespen und Bienen vertraut zu machen, z. B.:

- nicht in der Nähe (bis ca. 6 m) eines Nestes oder Bienenstocks spielen
- nicht nach Bienen oder Wespen schlagen oder sie wegpusten
- Getränke im Freien abdecken und möglichst mit Strohhalm trinken
- sich nach dem Verzehr von Süßigkeiten den Mund abwischen
- Lebensmittel im Freien abdecken
- beim Barfußlaufen aufpassen
- als Allergiker eine Notfallapotheke mit sich führen
- bei Stichen sofort kühlen, evtl. eine aufgeschnittene Zwiebel auflegen
- bei Stichen in Mund oder Rachen sofort den Notarzt rufen und kühlen.

Welches Wetter haben wir heute?

Die Jahreszeiten lassen sich über das Wetter charakterisieren. Nutzen Sie den Sommeranfang, um mit den Kindern im Morgenkreis Wetterbeobachtungen anzustellen und zu überprüfen, ob sich das aktuelle Sommerwetter auch tatsächlich sommerlich zeigt. Auch in Verbindung mit dem Binden von Johanniskränzen (siehe S. 28) ist diese Aktivität eine gute Gelegenheit, um weitere besondere Tage im Sommer wie etwa die sogenannten Hundstage sowie einige sommerliche Bauernregeln (siehe S. 23) kennenzulernen und anhand eigener Wetterbeobachtungen zu überprüfen.

Art der Aktivität:
Umwelterkundung

Kompetenzbereiche:
Sachwissen vertiefen, Wahrnehmung und Konzentrationsfähigkeit weiterentwickeln

Material:
großes Plakat (DIN A3), dicker Filzstift, Bleistift, ggf. Lineal

Vorbereitung:

Zeichnen Sie auf das Plakat eine Tabelle mit Spalten für jeden Tag eines Monats sowie einer etwas größeren Spalte am linken Rand, in der die Wettersymbole Sonne, Regentropfen, Wolke, Blitz und Windrad untereinander angeordnet werden. Grenzen Sie die Symbole durch waagerechte Linien über die ganze Plakatbreite voneinander ab, sodass ein Gitternetz entsteht.

So geht's:

- Die Kinder sitzen im Kreis. Fragen Sie, wie heute das Wetter ist und welches Wetter die Kinder bereits auf ihrem Weg in den Kindergarten erlebt haben.
- Bringen Sie den Sommer ins Gespräch und bitten Sie die Kinder zu berichten, welches Wetter denn wohl im Sommer zu erwarten ist.
- Dann hängen Sie das Plakat auf. Sprechen Sie mit den Kindern darüber, was die Symbole bedeuten.
- Schlagen Sie den Kindern vor, jeden Tag im Morgenkreis zu beobachten, welches Wetter herrscht, und am betreffenden Tag das passende Symbol oder auch mehrere Symbole anzukreuzen, wenn es z. B. regnerisch und windig ist oder Sonne und Wolken zugleich zu beobachten sind.
- Nachdem die Wetterbeobachtungen eingetragen sind, können die Kinder spekulieren, wie das Wetter wohl am nächsten Tag wird. Kreuzen Sie die entsprechenden Symbole nur mit Bleistift an.
- Am nächsten Tag kontrollieren die Kinder ihre Prognose und tragen das tatsächliche Wetter ein. Am Ende des Monats werden die Kreuze hinter den Symbolen gezählt und die Kinder wissen, ob ein bestimmtes Wetter vorherrschend war oder nicht.

Tipps:

- Bieten Sie den Kindern weitere Möglichkeiten an, die verschiedenen Wetterphänomene zu beobachten z. B. mittels eines Zapfenbarometers, eines Thermometers, eines Niederschlagsmessers und eines Windrichtungsanzeigers.
- Falls Sie einen Jahreskalender in Ihrer Gruppe haben (siehe S. 18), können Sie diesen auch zur Wetterbeobachtung nutzen, entsprechende Wettersymbole auf Kärtchen kopieren und beim jeweiligen Tag anbringen.

Art der Aktivität:
Gespräch / Spiel

Kompetenzbereiche:
biologische Zusammenhänge kennenlernen, Körperwahrnehmung und Rhythmusgefühl weiterentwickeln, Bedürfnisse erkennen und benennen

Material:
Pflanzensprüher mit Wasser

Material pro Kind:
Handtrommel

Regentrommel

Ein heißer und trockener Sommer bringt zwar viel Badespaß, zu lange Trockenperioden schaden jedoch der Natur und auch der Landwirtschaft. Auch uns Menschen kann zu viel Hitze zu schaffen machen. Die Kinder lernen die Vor- und Nachteile von heißem Wetter kennen. Dass wir jedoch nichts am Wetter ändern können, zeigt dieses Spiel auf lustige Weise.

So geht's:

- Sprechen Sie während einer heißen und trockenen Wetterperiode mit den Kindern über das aktuelle Sommerwetter. Mögen es alle Kinder, wenn es so heiß ist? Was tun sie gerne bei Hitze? (z. B. baden, Eis essen, viel trinken)
- Überlegen Sie gemeinsam, wo unser Wasser herkommt und wie das wohl bei den Tieren und Pflanzen in der Natur aussieht. Warum ist Regen so wichtig für die Natur und wozu brauchen wir Menschen Regen? (z. B. Grundwasser, Landwirtschaft, Viehhaltung)
- Erzählen Sie, dass es viele Länder, z. B. in Afrika, gibt, in denen es manchmal so lange nicht regnet, dass alle Pflanzen verdorren und sogar die Flüsse austrocknen. In manchen Gegenden bitten die Menschen dann um Regen, indem sie tanzen und trommeln.
- Schlagen Sie vor, auch einen Trommelwirbel zu veranstalten, um den Regen herbeizurufen, und verteilen Sie die Handtrommeln.
- Nachdem die Kinder mit den Trommeln experimentiert haben, bitten Sie die Kinder, die Augen zu schließen und sich vorzustellen, wie es riecht, wenn es regnet. Wie fühlt sich Regen auf der Haut an? Wie hört es sich an, wenn es regnet?
- Anschließend sagen Sie leise und rhythmisch den folgenden Spruch und begleiten ihn auf der Trommel:

Wolken, Wolken kommt herbei,
werdet dick und schwer dabei.
Lasst die Regentropfen fallen,
ja, das wird uns sehr gefallen!

- Die Kinder steigen in den Rhythmus ein. Wer mag, spricht den Vers mit.
- Steigern Sie allmählich die Lautstärke bis „sehr laut“ und werden Sie dann wieder leiser, bis man zum Schluss fast nichts mehr hören kann.
- Dann stellen die Kinder die Trommeln beiseite und legen sich mit dem Rücken auf den Boden mit dem Kopf zur Kreismitte, um abzuwarten, ob der Regen kommt.
- Stellen Sie bei der Sprühflasche einen ganz feinen Sprühnebel ein und besprühen Sie die Kinder, sodass ihre Gesichter leicht benetzt werden.

Tipp:

Diese Aktivität können Sie gut mit dem Lied auf Seite 53 verbinden.

Kalte und warme Steine

In der Sommerhitze erwärmt sich nicht nur die Luft, sondern alles, was von der Sonne beschienen wird. Wer gerne barfuß geht oder beim Spazierengehen einen Stein aufhebt, weiß, dass auch der Boden oder Steine die Sonnenwärme speichern. Greifen Sie diese Erfahrung im Morgenkreis auf und nutzen Sie diese Eigenschaft von Steinen für ein naturwissenschaftliches Experiment.

Vorbereitung:

Legen Sie die Steine am Vorabend in den Kühlschrank und holen Sie sie erst unmittelbar vor der Aktivität heraus.

So geht's:

- Zeigen Sie den Kindern die Steine und bitten Sie sie, die Eigenschaften von Steinen zu beschreiben.
- Dann stellen Sie die Frage in den Raum, ob sich so ein Stein wohl immer gleich anfühlt.
- Anschließend teilen Sie die gekühlten Steine aus.
- Die Kinder berichten, was sie fühlen und beschreiben die Eigenschaften des Steins, z. B. kalt, glatt, rau, hart, vielleicht auch unangenehm.
- Bitten Sie die Kinder nun, den Stein während des Morgenkreises in der Hand zu halten oder ihn in die Hosentasche zu stecken.
- Kurz vor Ende Morgenkreises holen die Kinder ihren Stein hervor. Bitten Sie die Kinder, ihren Stein noch einmal bewusst zu fühlen.
- Die Kinder werden von anderen Empfindungen zu berichten wissen als zuvor, z. B. warm, geschmeidig, fühlt sich angenehm an, gehört zu mir. Manche werden sogar das Aussehen des Steins plötzlich als schöner empfinden.
- Erinnern Sie daran, was die Kinder zu den kalten Steinen sagten, und geben Sie ihnen Zeit, sich über die veränderten Empfindungen auszutauschen.

Tipps:

- Wer mag, legt seinen Stein anschließend in die Sonne, um festzustellen, wie heiß er werden kann.
- Die Kinder können den Stein auch erneut in den Kühlschrank legen, um später noch einmal den Veränderungen nachzuspüren oder um ihn als „Sommerhitze-Kühlstein" zu verwenden.
- Probieren Sie mit den Kindern aus, ob sich der Stein nach einer Stunde im Gefrierfach wesentlich kälter anfühlt als nach einer Stunde im Kühlschrank. Wie schnell wird er wieder warm? Halten Sie die Zeiten schriftlich fest.

Art der Aktivität:
Experiment

Kompetenzbereiche:
Wahrnehmung und Beobachtungsfähigkeit weiterentwickeln, Sachwissen vertiefen

Material:
Kühlschrank

Material pro Kind:
möglichst runder, glatter Stein in Kinderhandgröße

Art der Aktivität:
Gespräch/Liedeinführung

Kompetenzbereiche:
Sachwissen vertiefen, Bedürfnisse erkennen und benennen, musikalische Erfahrungen vertiefen

Material:
Stück Schokolade auf einem Teller, Lied S. 37

Sonne, liebe Sonne

Ein Außenthermometer gibt uns Aufschluss darüber, wie sehr sich die Luft jenseits unseres persönlichen Empfindens erwärmt hat. Ist es bereits warm genug, um im Wasser zu plantschen? Die richtige Sommerlaune stellt sich eben erst bei Sonnenschein und Temperaturen über 25 Grad Celsius ein. Dass die Sonnenstrahlen, auf die wir so lange warten, aber auch Gefahren bergen, darüber müssen wir die Kinder aufklären. Mit einem Lied geschieht dies spielerisch und die Inhalte prägen sich über Melodie und Rhythmus besonders leicht ein.

So geht's:

- Falls die Kinder bereits Erfahrungen mit Wetterbeobachtungen (siehe S. 33) und ggf. auch mit der „Kraft" der Sonnenstrahlen (siehe S. 35) gesammelt haben, bieten sich Bezüge zu diesen Aktivitäten als Einstieg in ein Gespräch über die Sonne an: Warum brauchen wir die Sonne? (z.B. Wärme, Helligkeit, Pflanzenwachstum, Wasserkreislauf)
- Schlagen Sie den Kindern an einem sonnigen Tag vor auszuprobieren, ob die Sonne für alle Dinge gut ist.
- Legen Sie ein Stück Schokolade in die Sonne und beobachten Sie im Laufe des Tages, wie sich die Schokolade verändert.
- In einem weiteren Morgenkreis sprechen Sie über das Experiment des Vortags. Bitten Sie die Kinder zu überlegen, ob die Sonne nur für Schokolade „schlecht" ist oder ob sie auch für uns Menschen schädlich sein kann. Vielleicht hat sogar das eine oder andere Kind von negativen Erfahrungen mit zu viel Sonne zu berichten.
- Erarbeiten Sie mit den Kindern, wie sie sich vor zu viel Sonne schützen können, z.B. im Schatten spielen, Sonnencreme benutzen, einen Sonnenhut aufsetzen.
- Anschließend stellen Sie den Kindern das Lied vor. Da sich immer nur die letzten Liedzeilen ändern, werden die Kinder sehr schnell mitsingen.

Tipp:

Regen Sie die Kinder dazu an, das Lied gestisch zu begleiten, dann prägen sich die Inhalte noch besser ein.

Sonne, liebe Sonne

Text und Melodie: volkstümlich

2. Sonne, liebe Sonne,
   komm ein bisschen runter!
   Lass den Regen oben,
   dann wollen wir dich loben.
   Scheint die Sonne gar zu heiß,
   trink ich viel und ess ein Eis.

3. Sonne, liebe Sonne,
   komm ein bisschen runter!
   Lass den Regen oben,
   dann wollen wir dich loben.
   Brennt die Sonne voller Glut,
   trag ich einen Sonnenhut.

4. Sonne, liebe Sonne,
   komm ein bisschen runter!
   Lass den Regen oben,
   dann wollen wir dich loben.
   Strahlt die Sonne gar zu rege,
   nehm ich dick die Sonnencreme.

5. Sonne, liebe Sonne,
   komm ein bisschen runter!
   Lass den Regen oben,
   dann wollen wir dich loben.
   Brennt die Sonne in den Garten,
   spiel ich gern im kühlen Schatten.

Sprache und Kommunikation

Art der Aktivität:
Gedicht

Kompetenzbereiche:
Mundmotorik weiterentwickeln, Sprechfreude und phonologisches Bewusstsein entwickeln

Material:
Löwenzahnpflanze in verschiedenen Stadien des Verblühens oder Bilder von Löwenzahnpflanzen

Löwenzahn

Im Frühling lassen die Löwenzahnblüten die Wiesen gelb leuchten. Im Sommer entwickeln sich aus den Blüten unzählige Pusteblumen, mit denen die Kinder ihre Mundmuskulatur trainieren können. Sie formen beim Pusten ihre Lippen, um genau die richtige Menge Luft hindurchzulassen und lernen so, ihre Motorik zu koordinieren und zu beherrschen – eine wesentliche Voraussetzung für gute Sprechfähigkeiten.

So geht's:

- Bringen Sie Löwenzahn mit in den Morgenkreis und bitten Sie die Kinder, die Pflanze genau zu betrachten. Woher hat er wohl seinen Namen? Geben Sie ggf. Impulse zur Form der Blätter.
- Erzählen Sie, dass Sie ein Löwenzahngedicht mitgebracht haben, und tragen Sie es vor:

Löwenzahnschirmchen, sie wiegen
im Wind sich und segeln dahin.
Sieh nur, wie lustig sie fliegen.
Kein Mensch weiß, wohin sie wohl zieh'n.

- Bitten Sie die Kinder, das Gedicht in der nächsten Runde mitzusprechen. Wohin ziehen die Löwenzahnschirmchen? Lassen Sie die Kinder fabulieren.
- Anschließend gehen Sie mit den Kindern in den Garten oder auf eine Wiese, um Pusteblumen zu pflücken und die Löwenzahnsamen möglichst weit durch die Luft segeln zu lassen.

Tipp:

Stellen Sie den Kindern im Freispiel auch andere Materialien wie Wattebällchen, Kugeln aus gepresstem Zellstoff, eine leichte Holzkugel oder auch Federn zur Verfügung und regen Sie sie zu weiteren Pustespielen an. Welche Unterschiede beim Pusten stellen die Kinder zwischen den einzelnen Materialien fest? Fassen Sie jeweils zusammen, welche Erkenntnisse die Kinder gewonnen haben.

Mein schönster Sommer

Ein Gespräch über den Sommer bietet neben der Entwicklung der Sprachfähigkeiten eine gute Ausgangssituation, um die Wünsche und Vorstellungen der Kinder zu erfahren. Die Kinder lernen dabei grundlegende Kommunikationsregeln wie den anderen aussprechen zu lassen und abzuwarten, bis sie an der Reihe sind. Ein solches Gespräch gibt Ihnen zudem eine Rückmeldung zum Wissensstand der Kinder und bietet damit eine gute Basis für die weitere Planung von Sommeraktivitäten.

Art der Aktivität:
Gespräch

Kompetenzbereiche:
Sprachkompetenz ausbauen, Kommunikationsfähigkeit weiterentwickeln

Material:
Bilder mit sommerlichen Motiven aus Zeitschriften oder passende Fotos

So geht's:

- Legen Sie ein Sommerfoto in die Mitte und ermuntern Sie die Kinder, es genau zu betrachten.
- Bitten Sie die Kinder zu beschreiben, was darauf zu sehen ist. In welcher Jahreszeit könnte das Foto entstanden sein?
- Geben Sie den Kindern Raum, selbst vom Sommer und ihren eigenen Erlebnissen, Wünschen und Erfahrungen zu berichten.
- Folgende Fragen können helfen, das Gespräch zu erweitern:
  - Was machst du im Sommer?
  - Was hast du in den letzten Ferien gemacht?
  - Was magst du am Sommer?
  - Was würdest du im Sommer gerne tun?
  - Wie fühlt sich ein schöner Sommertag an?
  - Was passiert an einem Sommertag?
- Nutzen Sie die Gesprächsrunde, um den Kindern ggf. Gesprächsregeln ins Gedächtnis zu rufen, wie etwa niemandem ins Wort zu fallen oder das, was jemand erzählt, nicht zu bewerten.
- Schließen Sie das Gespräch mit guten Wünschen für einen schönen Sommer ab.

Tipps:

- Ermöglichen Sie es auch stilleren Kindern, zu Wort zu kommen.
- Es ist ratsam, dass die Kinder nicht der Reihe nach, sondern nach Bedarf sprechen. Auf diese Weise gibt es nicht zu viele Wiederholungen, denn die Kinder haben Zeit zu überlegen.
- Regen Sie die Kinder an, im Anschluss an den Morgenkreis ein Sommerbild zu malen, in dem sie ihre Wünsche ausdrücken.

Art der Aktivität:
Gedicht

Kompetenzbereiche:
Sprachkompetenz ausbauen, Sprachklang und -rhythmus erleben, Wortschatz erweitern, Fantasie und Kreativität entfalten

Material:
–

Der Juni kam

Der Auszug aus dem Gedicht „Zum Geburtstag“ von Wilhelm Busch inspiriert zum Weiterdenken und zum Nachspüren von Eindrücken, die die Kinder im Sommer erfahren haben. Die Zeilen sprechen vor allem sommerliche Düfte an und laden mit ihren Bildern dazu ein, sich dem Thema Sommer einmal von einer anderen Seite zu nähern.

So geht's:

- Warten Sie, bis alle Kinder leise und aufmerksam sind.
- Tragen Sie die folgenden Gedichtzeilen langsam und deutlich vor:

Der Juni kam. Lind weht die Luft.
Geschoren ist der Rasen.
Eine Wonne voller Rosenduft
dringt tief in unsere Nasen.

Wilhelm Busch (1832–1908)

- Lassen Sie den Text wirken und warten Sie ab, ob und was die Kinder äußern.
- Dann tragen Sie Zeile für Zeile vor und besprechen den Inhalt mit den Kindern. Welche sommerlichen Düfte werden angesprochen?
- Für das Textverständnis ist es auch wichtig, die Bedeutung von „lind“ (sanft, angenehm) und „Wonne“ (Freude, Vergnügen) zu klären.
- Bitten Sie die Kinder, die Augen zu schließen und sich das Gedicht noch einmal anzuhören.
- Die Kinder überlegen anschließend, welche Worte im Gedicht den Sommer besonders gut spüren lassen.
- Sammeln Sie mit den Kindern weitere Worte und innere Bilder, z. B.:
  - Sommerregen auf trockener Erde oder Asphalt
  - eine Wildblumenwiese, die sich im Wind sanft bewegt
  - ein spiegelglatter See, dessen leichte Wellen ans steinige Ufer schwappen.
- Fassen Sie die Ideen der Kinder in kurzen Sätzen zusammen und notieren Sie diese als mögliche Gedichtzeilen. Sie müssen sich nicht reimen.
- Lesen Sie abschließend das entstandene Gedicht noch einmal vor und schließen Sie es mit einer Schlusszeile ab, z. B. „So schön ist unser Sommer“.

Bildergeschichten

Damit Kinder ihre Sprechfähigkeiten ausbauen können, brauchen sie Raum und Zeit, um zu erzählen. Selbst erfundene Geschichten bieten sich hierfür besonders an und helfen zudem, Kreativität zu entfalten. Das Nachdenken über Ereignisse, die sich in einer Geschichte weiterentwickeln, und das Ausdenken der Handlung selbst erfordern ein hohes Maß an Konzentration. Mithilfe von Bildkarten regen Sie neue Assoziationen an, um die sich Geschichten weiterspinnen lassen.

So geht's:

- Die Gruppe sitzt im Kreis auf dem Boden. Die Bildkarten liegen mit der Bildseite nach unten in der Mitte.
- Decken Sie eine oder auch zwei Karten auf. Wenn Sie das Spiel zum ersten Mal spielen, beginnen Sie mit der Geschichte. Erzählen Sie den Kindern, dass Sie zunächst schauen, was Sie auf den Karten sehen und daraus einen oder zwei Sätze erfinden. Ein Beispiel: Es wird eine Karte mit einer Margerite und eine Karte mit einem Ball aufgedeckt. Sie erfinden: „Nina spielt mit ihrem Ball auf einer Blumenwiese."
- Ihr Einstieg dient den Kindern als Vorbild. Spielen Sie das Spiel öfter, kann auch ein Kind den Anfang machen.
- Nun deckt das nächste Kind eine oder zwei Karten auf und erzählt die Geschichte weiter.
- Unterstützen Sie die Kinder dabei, ganze, grammatikalisch richtige Sätze zu bilden und die Wörter richtig auszusprechen, indem Sie selbst (!) das Gesagte noch einmal zusammenfassen. Wenn Sie dabei die vorherigen Sätze ebenfalls wiederholen, erzählen Sie so nach und nach die ganze Geschichte.

Tipps:

- Als Anregung zum Erzählen eignen sich auch die Bildkarten des Sommer-Memorys (siehe S. 21).
- Dokumentieren Sie die Geschichten durch Mitschreiben. Solche Geschichten eignen sich gut, um sie in der Kindergartenzeitung zu veröffentlichen. Wenn Sie sie aufnehmen, können sich die Kinder später ihre lustigen Geschichten noch einmal anhören.
- Ein „Erzählstuhl" oder ein „Erzählhut" bringt Kinder leichter zum Sprechen: Wer auf dem Stuhl sitzt oder den Hut aufhat, darf eine Geschichte zum Besten geben. Machen Sie es vor und erzählen Sie auf dem gleichen Stuhl oder mit dem gleichen Hut auf dem Kopf eine Geschichte.

Art der Aktivität:
Sprachspiel

Kompetenzbereiche:
Sprachkompetenz ausbauen, Fantasie und Kreativität entfalten, Wortschatz erweitern

Material:
Memorykarten oder auf Karton aufgeklebte Bilder aus Zeitschriften mit jahreszeitlich passenden Gegenständen, Personen, Tieren, Pflanzen und Landschaften

Sprache und Kommunikation

Art der Aktivität:
Fabulieren

Kompetenzbereiche:
Sprachkompetenz ausbauen, Fantasie und Kreativität entfalten, Wortschatz erweitern

Material:
den Kindern noch nicht bekannte Handpuppe, ggf. Audio-Aufnahmegerät

Ich erzähl dir was

Puppen sprechen Kinder emotional an. Kinder identifizieren sich mit ihnen und sehen sie als lebendige Partner und als Spielgefährten an. Der spielerische Einsatz von Handpuppen als „Gesprächspartner" ist selbst für stillere und zurückhaltende Kinder ein großer Anreiz zu sprechen – sie wollen mit der Puppe kommunizieren. Sie verhalten sich der Puppe gegenüber freier als bei einem direkten Gespräch mit dem Erwachsenen. Es gelingt ihnen leichter, ihre Gefühle und Emotionen auszudrücken, und sie überwinden eher ihre Scheu, wenn sie beim Erzählen die Aufmerksamkeit der anderen auf sich gerichtet spüren.

So geht's:

- Stellen Sie den Kindern die Puppe vor. Geben Sie ihr einen Namen oder bitten Sie die Kinder, sich einen auszudenken.
- Lassen Sie die Puppe von sich erzählen. Formulieren Sie so, dass sich die Kinder eingeladen fühlen, der Puppe Fragen zu stellen. Je aktiver Sie die Puppe einbringen, desto einfacher ist es für die Kinder, etwas zu erzählen. Im Dialog mit der Puppe können sie offen und ohne Erwartungsdruck drauflosreden.
- Antworten Sie spontan oder lassen Sie die Kinder darüber spekulieren, wo die Puppe lebt, wer sie ist, was sie gerne tut usw.
- Wer mag, darf sich ausdenken, was die Puppe am Vortag erlebt hat oder was sie heute machen will.
- Motivieren Sie die Kinder, sich bis zum nächsten Tag eine Erlebnisgeschichte der Puppe zu überlegen und im Morgenkreis zu erzählen.
- Nutzen Sie die Puppe, um das aktuelle Thema ins Gespräch zu bringen: Im Dialog mit der Puppe können die Kinder selbst Sommergeschichten erzählen und dabei alles einbringen, was sie bereits über den Sommer wissen.
- Notieren Sie die Geschichten oder nehmen Sie sie auf.

Tipps:

- Merken oder notieren Sie sich die „Erlebnisse" und Eigenschaften der Puppe, um in weiteren Morgenkreisen immer wieder Anknüpfungspunkte für neue Gesprächsrunden daraus schöpfen zu können und die Identifikation der Kinder zu unterstützen.
- Wenn Sie die Handpuppe selbst gestalten, können Sie ihr einen eigenen Charakter geben, der Ihren Intentionen entspricht.

Sommerwörter-Ball

Eine weitere Möglichkeit, die Kinder im Morgenkreis spielerisch zum Sprechen zu bringen, ist der Einsatz eines Balls. Spiele mit etwas Bewegung sind bei den meisten Kindern beliebt. Sie sprechen dabei ganz nebenbei und mit Spaß. Da sich ein Ball schnell bewegt, stellt dieses Spiel auch gewisse Anforderungen an die Geschicklichkeit und das Reaktionsvermögen.

So geht's:

- Die Kinder sitzen auf dem Boden im Kreis.
- Stellen Sie den Ball als Wörter-Ball vor und erklären Sie das Spiel: Zuerst einigen sich alle auf ein Motto, z. B. den Sommer.
- Dann sagen Sie ein Wort, das mit dem Sommer zu tun hat, und rollen den Ball zu einem Kind.
- Das Kind, bei dem der Ball ankommt, sagt nun ein neues „Sommerwort" und rollt den Ball zu einem anderen Kind. Dabei ist es egal, ob das Kind einen zusammengesetzten Begriff wie etwa „Sommerregen" oder „Sommerferien" nennt oder einfach ein Wort, das sinngemäß mit dem Sommer zu tun hat wie „Sonne", „August" oder „Eis".
- Wenn das Wörterfinden ins Stocken gerät, lenken Sie die Aufmerksamkeit auf neue Wortfelder innerhalb des Themas, z. B. auf Pflanzen, Freizeitaktivitäten oder auf Befindlichkeiten.

Variante:

Das Spiel können Sie zu allen Jahreszeiten und mit vielen weiteren Mottos spielen, z. B.:

- Die Wörter müssen sich reimen.
- Die genannten Gegenstände werden immer größer/kleiner.
- Man darf nur etwas Grünes nennen.
- Die Wörter müssen mit Essen und Trinken zu tun haben.
- Man darf nur etwas sagen, das mit Tieren zu tun hat.

Das Motto sollte jedoch dem Alter und den Sprachfähigkeiten der Kinder entsprechen, damit keine langen Denkpausen entstehen, in denen die Kinder möglicherweise unter Druck geraten.

Art der Aktivität:
Sprachspiel

Kompetenzbereiche:
Sprachkompetenz ausbauen, Konzentrationsfähigkeit und Geschicklichkeit weiterentwickeln, Wortschatz erweitern

Material:
Ball

Art der Aktivität:
Fingerspiel

Kompetenzbereiche:
Sprechfreude entwickeln, Koordination weiterentwickeln, Wortschatz erweitern

Material:
–

Sommerreise

Mit Fingerspielen trainieren Kinder spielerisch ihre Koordinationsfähigkeit. Die Verbindung von Bewegung und Sprache unterstützt sie in ihrem Wortverständnis. Dabei ist ein Fingerspiel stets ein Impuls für weitere Aktivitäten, ob nun geplant oder spontan. Viele Kinder fühlen sich durch einen Fingerspielimpuls motiviert zu zeichnen oder die kleine Geschichte im Rollenspiel nachzustellen bzw. weiterzuspielen.

So geht's:

- Tragen Sie den Text vor und begleiten Sie Ihr Sprechen mit den passenden Bewegungen.
- Bitten Sie die Kinder zu erzählen, worum es in dem Fingerspiel geht.
- Dann sagen Sie es nochmals auf und ermuntern die Kinder mitzumachen und mitzusprechen.

Der reist in die Welt	*den rechten Daumen zeigen und hin- und herbewegen*
mit seinem neuen Zelt.	*die Fingerspitzen beider Hände zusammenlegen, sodass ein Zelt entsteht; den rechten Daumen aus dem Zelt herausschauen lassen*
Der kocht, ist doch klar,	*den Zeigefinger der rechten Hand zeigen*
draußen, wunderbar.	*mit der linken Hand einen Becher formen, den Zeigefinger der rechten Hand rührend darin kreisen lassen*
Und alle sitzen voll Wonne	*mit den Fingern der rechten Hand vor dem Körper zappeln*
schmatzend in der Sommersonne.	*die linke Hand als Sonne hochhalten und mit den Fingern als Strahlen wackeln; mit dem Mund Schmatzgeräusche machen*

Tipp:

Sprechen Sie mit den Kindern darüber, ob sie schon einmal im Zelt geschlafen oder draußen gekocht haben.

Ferien

Viele Familien planen für die Sommerferien eine Urlaubsreise. Das ist für Kinder sehr aufregend. Doch auch wer seine Ferien zu Hause verbringt, kann viel erleben: Ausflüge, Radtouren oder ein Zoobesuch versprechen neue Eindrücke. Und nicht zuletzt ist es eine angenehme Abwechslung zum Alltag, nach Herzenslust zu Hause spielen und trödeln zu können, abends nicht ganz so früh ins Bett zu müssen und morgens ohne Hektik aufzustehen. Nutzen Sie das Fingerspiel als Einstieg in ein Gespräch, um über die Ferienwünsche und -pläne der Kinder zu sprechen.

So geht's:

- Stellen Sie das Fingerspiel vor und üben Sie es mit den Kindern.
- Fragen Sie nach, was die Kinder in den Ferien vorhaben. Welche Wünsche haben sie für die Zeit, in der sie nicht in den Kindergarten gehen?
- Besprechen Sie auch, warum es Ferien gibt und was währenddessen im Kindergarten passiert.

Sommer, Sonne, Wind im Haar, Ferien gibt es jedes Jahr.	*mit allen Fingern einer Hand in der Luft zappeln*
Der will dann verreisen,	*den Daumen zeigen*
der will gern gut speisen,	*den Zeigefinger zeigen*
der will sich immer bewegen	*den Mittelfinger zeigen*
und der mag sich in die Sonne legen.	*den Ringfinger zeigen*
Nur der Kleine, ojemine,	*den kleinen Finger zeigen*
hat für die Ferien noch keine Idee.	*den kleinen Finger abwinkeln*

Tipp:

Regen Sie die Kinder an, später ihre Wünsche für die Ferien zu zeichnen. Heften Sie die Bilder mit Kommentaren im Portfolio der Kinder ab oder hängen Sie die Originale auf und verwenden Sie eine verkleinerte Kopie für die Ordner.

Art der Aktivität:
Fingerspiel

Kompetenzbereiche:
Sprechfreude entwickeln, Koordination weiterentwickeln, Wortschatz erweitern

Material:
–

Art der Aktivität:
Lied / Sprachspiel

Kompetenzbereiche:
Sprachkompetenz ausbauen, Fantasie und Kreativität entfalten, Wortschatz erweitern, musikalische Erfahrungen vertiefen

Material:
Lied S. 47, Papier, Stift

Alle meine Tiere

Im Sommer haben die Kinder viele Gelegenheiten, Tiere in der freien Natur zu beobachten. Und wenn manche Familien vielleicht sogar Ferien auf dem Bauernhof oder einen Ausflug in den Streichelzoo planen, kommen noch viele Nutztiere hinzu. Das wohl bekannteste Kinderlied im deutschsprachigen Raum „Alle meine Entchen" bietet über die erste Strophe hinaus noch weitere Strophen, die sich mit anderen Tieren befassen. Die simple Melodie und der einfache Textaufbau laden dazu ein, weitere Strophen zu erfinden und damit den spielerischen Umgang mit Sprache anzuregen.

So geht's:

- Singen Sie das Lied mit den Kindern.
- Stellen Sie die weiteren Strophen erst gesprochen, dann gesungen vor.
- Schlagen Sie vor, weitere Verse zu dichten.
- Welche Tiere können die Kinder im Sommer beobachten, wo leben sie und was tun sie? Sammeln Sie die Ideen der Kinder.
- Versuchen Sie gemeinsam mit den Kindern, dem Schema des Textes treu zu bleiben und die Tiere zu beschreiben, z. B.:
  - Alle meine Fische schwimmen dort im Meer,
wedeln mit den Flossen, schwimmen hin und her.
  - Alle meine Vögel singen laut und hell,
füttern ihre Jungen, fliegen ziemlich schnell.
  - Alle meine Bienen summen mit Gebrumm,
fliegen dort im Garten um die Blüten rum.
  - Alle meine Pferde laufen im Galopp,
über Sommerwiesen, hopp, hopp, hopp, hopp, hopp.
  - Alle meine Schweine schnarchen im Quartett
in der Sommersonne, das klingt richtig nett.
- Schreiben Sie alles auf und singen Sie gemeinsam die neu getexteten Strophen.

Tipps:

- Nehmen Sie den Gesang der Kinder auf.
- Bitten Sie die Kinder, die Tiere zu malen, und kleben Sie die Bilder auf Pappkarton oder laminieren Sie sie. Tackern oder kleben Sie die Bilder an kleine Stöcke. So können die Kinder beim Singen das entsprechende Tier hochhalten und tanzen lassen.

Alle meine Entchen

Text und Melodie: volkstümlich

2. Alle meine Gänschen watscheln durch den Grund,
   watscheln durch den Grund,
   gründeln in dem Tümpel, werden kugelrund.

3. Alle meine Hühner scharren in dem Stroh,
   scharren in dem Stroh,
   finden sie ein Körnchen, sind sie alle froh.

4. Alle meine Täubchen gurren auf dem Dach,
   gurren auf dem Dach,
   fliegt eins in die Lüfte, fliegen alle nach.

Art der Aktivität:
Spiel

Kompetenzbereiche:
Kommunikationsfähigkeit und körperliche Ausdrucksfähigkeit weiterentwickeln, Fantasie und Kreativität entfalten, Sprachkompetenz ausbauen, symbolisches Handeln verstehen

Material:
–

Wochenend-Pantomime

Im Sommer verbringen viele Familien ihre Freizeit im Freien. Spiele im Garten, Badespaß am Baggersee, Würstchen grillen und Eis essen – die Kinder haben nach einem Wochenende viel zu berichten. Statt der üblichen Erzählrunde im Morgenkreis spielen die Kinder den anderen ihre Erlebnisse pantomimisch vor. So kommt eine ganz andere Aufmerksamkeit in die Morgenrunde und die Zuschauer sind durch Nachfragen und Raten gleich in das Spiel eingebunden.

So geht's:

- Bitten Sie die Kinder im Morgenkreis am Montag oder auch nach den Ferien um Aufmerksamkeit.
- Sagen Sie ihnen, dass Sie gerne berichten möchten, was Sie am Wochenende erlebt haben. Dass Sie dies aber nicht erzählen, sondern zeigen wollen. Die Kinder müssen also gut beobachten, um Sie verstehen zu können.
- Spielen Sie mit möglichst deutlichen Bewegungen eine kurze Szene vor, z. B.:
  - Eis essen – deuten Sie auf die imaginären Sorten, nehmen Sie die Waffel mit großen Augen entgegen und lecken Sie genießerisch am Eis.
  - Baden gehen – schultern Sie die schwere Badetasche und gehen Sie los; tun Sie so, als ziehen Sie Ihre Kleider aus und die Badesachen an.
  - In der Hängematte faulenzen – holen Sie eine Hängematte aus einer Tasche, schauen Sie, ob es zwei geeignete Bäume gibt, binden Sie die Hängematte daran fest, prüfen Sie mit den Händen, ob die Höhe stimmt, und setzen Sie sich hinein.
- Die Kinder dürfen nachfragen und Sie antworten möglichst nur mit „ja" und „nein".
- Hat ein Kind die Szene erraten, darf es kurz erläutern, welche Tätigkeiten es erkannt hat.
- Dann ist entweder dieses Kind an der Reihe oder ein Kind, das etwas zeigen möchte.

Tipp:

Falls die Zeit nicht für alle Kinder reicht, dürfen die Kinder auch am Dienstag noch die Wochenend-Pantomime spielen.

... da wünsch ich mir den Schnorchel her

Sommerliche Begriffe stehen im Mittelpunkt dieses Kreisspiels. „Mein rechter, rechter Platz ist leer" ist den Kindern wohl vertraut und nimmt hier eine besonders lustige Wendung, denn statt den Namen eines Kindes zu nennen, das man sich als Nachbar wünscht, werden zuvor Sommerwörter verteilt. Je lustigere Namen sich die Kinder geben, desto besser. Aber die Kinder müssen schon sehr gut aufpassen, um ihren Einsatz nicht zu verpassen.

So geht's:

- Die Kinder sitzen im Kreis. Ein Platz ist leer.
- Entscheiden Sie mit den Kindern vor dem Spiel, zu welchem Thema sie sich Begriffe ausdenken wollen. Beim Thema „Sommer" bieten sich z. B. folgende an: Sonne, Sonnenschirm, Sonnencreme, See, Badehose, Badeanzug, Schwimmflügel, Schnorchel, Taucherbrille, Flossen, Liege, Luftmatratze, Sonnenhut, Sandalen, Sand, Wasser, Eis, Melone, Gewitter, Heu, Gras, Mücke, Wespe, Schmetterling, Sonnenbrand, Muscheln, Fische, Enten, Ruderboot.
- Jedes Kind sucht sich einen Begriff als Namen aus.
- Das Kind, das links neben dem freien Platz sitzt, beginnt: „Mein rechter, rechter Platz ist leer, da wünsch ich mir den Schwimmreifen her."
- Das Kind, das den Namen „Schwimmreifen" hat, darf sich auf den freien Platz setzen.
- Als Nächstes darf sich das Kind, dessen rechter Platz nun frei ist, ein anderes Kind herbeiwünschen.
- Ziel ist es, sich seinen Namen und den der anderen zu merken und trotzdem zuzuhören, was der jeweilige Spieler sagt. Die Kinder müssen schnell reagieren und sich sehr gut konzentrieren.

Tipp:

Das Spiel lässt sich zu vielen Themen spielen, die gerade in der Gruppe aktuell sind. Im Sommer bieten sich z. B. auch Pflanzen an, die nur im Sommer blühen und/oder Obst und Gemüse, das im Sommer reif wird (siehe S. 22).

Art der Aktivität:
Spiel

Kompetenzbereiche:
Wortschatz erweitern, Konzentrationsfähigkeit und soziales Miteinander weiterentwickeln, Reaktionsvermögen und Sprachverständnis weiterentwickeln

Material:
–

Art der Aktivität:
Spiel/Liedeinführung

Kompetenzbereiche:
Reaktionsvermögen und Sprachverständnis weiterentwickeln, Sprachkompetenz ausbauen, Text spielerisch umsetzen

Material:
Lied S. 51, 5 DIN-A4-Tonkartonblätter mit den Großbuchstaben W, A, N, Z und E

Auf der Mauer, auf der Lauer

Feuerwanzen treten im Sommer manchmal massenweise auf. Die Kinder können sie an sonnigen Plätzen leicht beobachten. Grund genug, ein Lied dazu zu lernen, das nicht nur das Thema in einem anderen Bildungsbereich vertieft, sondern zudem mit Witz vermittelt, dass sich Wörter aus einzelnen Buchstaben zusammensetzen. Verbunden mit Buchstabentafeln profitieren besonders die Vorschulkinder in Ihrer Gruppe von der spielerischen Umsetzung des Liedtextes.

So geht's:

- Nehmen Sie die Beobachtungen der Kinder zum Anlass, um im Morgenkreis über Feuerwanzen zu sprechen. Die Kinder berichten von ihren Erlebnissen und Sie ergänzen ggf., dass sich Feuerwanzen gerne auf Steinen in der Sonne aufhalten und sich dort in großen Gruppen zusammenfinden. Sie ernähren sich von Pflanzensäften, die sie z. B. aus Samen von Bäumen saugen. Am liebsten mögen sie Lindensamen.
- Erzählen Sie den Kindern dann, dass Sie heute ein Lied von einer Wanze mitgebracht haben.
- Dann tragen Sie das Lied vor und besprechen mit den Kindern, was die Wanze in dem Lied macht.
- Nun bitten Sie die Kinder mitzusingen.
- Wenn die Kinder bei Text und Melodie sicher sind, führen Sie die anderen Verse ein. Es wird viel Gelächter geben, vor allem bei den letzten beiden Versen.
- Die Kinder können das Lied auch spielen: Ein Kind steht wartend in der Kreismitte als Wanze. Bei „Seht euch nur die Wanze an“ halten die Kinder im Kreis eine Hand über die Augen und schauen auf das Kind in der Mitte. Bei „wie die Wanze tanzen“ beginnt das Kind in der Mitte, im Kreis herumzutanzen, bis der Vers zu Ende ist.
- Wenn Sie die Verkürzung des Wortes Wanze noch optisch deutlich machen wollen, legen Sie fünf Tonkartonblätter mit den Großbuchstaben W, A, N, Z, E in die Kreismitte. Das tanzende Kind in der Mitte entfernt nach jedem Vers einen Buchstaben am Wortende.
- Bieten Sie an, das jeweils entstandene „Wort“ gemeinsam zu lesen. Zeigen Sie dabei beim Lautieren auf die jeweiligen Buchstaben.

Auf der Mauer, auf der Lauer

Text und Melodie: volkstümlich

2. Auf der Mauer, auf der Lauer
 sitzt 'ne kleine **Wanz**.
 Auf der Mauer, auf der Lauer
 sitzt 'ne kleine **Wanz**.
 Seht euch nur die **Wanz** an,
 wie die **Wanz tanz** kann!
 Auf der Mauer, auf der Lauer
 sitzt 'ne kleine **Wanz**.

In den Versen drei bis fünf wird bei den fett hervorgehobenen Wörtern jeweils der nächste Schlussbuchstabe weggelassen, bis im fünften Vers nur noch der Anlaut, also W und t, gesungen wird.
Der letzte Vers lautet dann:

6. Auf der Mauer, auf der Lauer
 sitzt 'ne kleine --.
 Auf der Mauer, auf der Lauer
 sitzt 'ne kleine --.
 Seht euch nur die -- an,
 wie die -- -- kann!
 Auf der Mauer, auf der Lauer
 sitzt 'ne kleine --.

Art der Aktivität:
Gespräch

Kompetenzbereiche:
Bedürfnisse erkennen und benennen, Wahrnehmung und soziales Miteinander weiterentwickeln, Sachwissen vertiefen

Material:
Topfpflanzen oder Sommerblumenmischung oder Cherry-Tomatenpflanzen, Blumentöpfe oder Balkonkästen, Erde, Lied S. 53

Ich kümmere mich um dich

Im Sommer gibt es manchmal lange Trockenperioden, in denen kein Tropfen Regen fällt. Für Gärtner und Landwirte kann das existenzbedrohend sein. Und auch wir spüren die Folgen, wenn Nahrungsmittel knapp werden und sich verteuern. Dass Pflanzen nicht von alleine wachsen, sondern dass man sich auch um sie kümmern muss, wenn man ernten will, ist somit eine wichtige Erfahrung, die Kinder machen sollten. Zudem lernen sie dabei, auf die Bedürfnisse von anderen zu achten, auch wenn diese nicht explizit geäußert werden (können).

Vorbereitung:

Falls Sie in Ihrer Einrichtung keine Pflanzen haben, die regelmäßig gewässert werden müssen, säen Sie mit den Kindern zu Sommerbeginn eine Sommerblumenmischung in Blumentöpfe oder Balkonkästen oder pflanzen Sie Ende Mai zwei Cherry-Tomatenstöcke in große Töpfe.

So geht's:

- Holen Sie die Pflanzen in den Morgenkreis oder versammeln Sie sich im Vorfeld bei den Pflanzen, die mit Wasser versorgt werden müssen.
- Besprechen Sie mit den Kindern, woran sie erkennen können, dass eine Pflanze Wasser braucht. Was würde passieren, wenn die Pflanzen bei heißem Wetter ein paar Tage nicht gegossen würden?
- Bieten Sie an dieser Stelle an, das Lied „Meine Blümchen haben Durst" (siehe S. 53) zu singen.
- Wenn die Konzentration der Kinder noch ausreicht, können Sie mit dem Gespräch fortfahren, oder Sie greifen das Thema an einem Folgetag noch einmal auf. Beziehen Sie sich auf die o. g. Bedürfnisse von Pflanzen und fragen Sie die Kinder, ob man auch bei uns Menschen erkennen kann, wenn jemand etwas braucht, ohne dass derjenige etwas sagen muss? Lassen Sie die Kinder spekulieren.
- Schlagen Sie vor, beim nächsten Frühstück kein Wort zu reden. Wie könnten die Kinder herausfinden, ob jemand z. B. Tee oder eine Scheibe Brot möchte?
- Lassen Sie die Kinder im nächsten Morgenkreis von ihren Erfahrungen beim „stummen" Frühstück berichten.

Meine Blümchen haben Durst

Text: Georg Christian Dieffenbach (1822–1901)
Melodie: Karl August Kern (1836–1897)

2. Frisches Wasser hol ich euch,
   wartet nur ein Weilchen!
   Wartet nur, ihr Röslein rot
   und ihr blauen Veilchen.

3. Seht, hier habt ihr Wasser schon,
   trinkt nur mit Behagen;
   blüht und duftet nur recht lang,
   wollt ihr Dank mir sagen.

Tipp:

Wer Tomaten gepflanzt hat, kann im zweiten Vers z. B. singen:
(…) Wartet nur, Tomaten rot und ihr blauen Veilchen.

Art der Aktivität:
Ritual

Kompetenzbereiche:
Gemeinschaft und Besinnlichkeit erleben

Material:
–

Morgengruß

Im Sommer kümmern wir uns um die Pflanzen, von denen wir im Herbst Früchte ernten wollen. Dabei müssen viele Faktoren zusammenspielen und nicht immer bekommen wir Regen, Sonne und Wind in ausgewogenem Maße. Ein tägliches Ritual kann Kinder für einen Moment bewusst wahrnehmen lassen, dass unser Leben von größeren Zusammenhängen abhängig ist. Je nach Trägerschaft Ihres Kindergartens wenden sich die Kinder mit diesem Ritual an Gott, an das Universum oder an die vier Elemente.

So geht's:

- Setzen Sie das Ritual gleich im Anschluss an die Begrüßung der Kinder oder an das Ende des Morgenkreises als abschließendes Element.
- Legen Sie den Schwerpunkt entsprechend der Ausrichtung Ihres Kindergartens und ergänzen Sie ggf. passende Verszeilen und Bewegungen. Binden Sie die Kinder dabei ein, z. B.:

Wir grüßen	*aufstehen*
die Sonne,	*die Arme nach oben strecken und einen weiten Kreisbogen andeuten*
das Wasser,	*die Hände in Wellenbewegungen von außen zur Mitte führen*
das Feuer,	*die Hände von der Mitte nach oben ziehen und wie Flammen bewegen*
und die Erde.	*beide Hände vor dem Körper hin- und herbewegen, wie wenn man über den Boden streichen würde*
Und wir danken, dass wir lebendig sind.	*die Nachbarn an der Hand fassen und zur Mitte kommen*

Tipp:

Entwerfen Sie mit den Kindern ein Bild mit den vier Elementen, die ähnlich einem Mandala kreisförmig angeordnet sind, oder kreieren Sie eine Plastik, die die vier Elemente darstellt, und integrieren Sie eine Kerze, die das Leben symbolisiert.

Der Gute-Taten-Baum

Mit dem Satz „Es gibt nichts Gutes, außer man tut es" zieht Erich Kästner moralisch Bilanz und weist uns zugleich auf unsere Verantwortlichkeit als Mensch hin. Warum also nicht die Üppigkeit des Sommers und die Vergnügungen, die diese Jahreszeit für uns bereithält, zum Anlass nehmen, um die Wahrnehmung auch für die Bedürfnisse anderer zu schärfen? Der Gute-Taten-Baum visualisiert dabei, wie reichlich die „Ernte" an guten Taten ausfällt. Denn er wird nur so viele Früchte tragen, wie die Kinder gute Taten dazu beitragen.

Vorbereitung:

Gestalten Sie mit den Kindern gemeinsam einen großen Baum. Die Kinder malen z. B. auf Packpapierbögen oder auf eine Tapetenrolle mit Plakafarben einen Stamm, Äste, Zweige und Blätter, schneiden diese nach dem Trocknen aus und kleben alles zu einem großen, weitverzweigten Baum zusammen. Hängen Sie den Baum so auf, dass er im Morgenkreis gut sichtbar ist. Dann schneiden Sie oder die Kinder aus rotem Tonpapier einige Äpfel aus.

So geht's:

- Nehmen Sie Bezug auf den Baum und lassen Sie die Kinder erzählen, welche Obstbäume sie kennen und welche Früchte daran wachsen.
- Erzählen Sie nun, dass dieser Baum in der Gruppe ein ganz besonderer Baum ist: Auf ihm „wachsen" nur gute Taten.
- Erarbeiten Sie mit den Kindern, was mit einer „guten Tat" gemeint sein könnte, indem Sie mit ihnen über Situationen aus dem Alltag reden, in denen es z. B. um Helfen, Teilen, Trösten, das Zurückstellen eigener Wünsche und Bedürfnisse geht:
  - etwas aufheben, das jemandem heruntergefallen ist
  - ein Spielzeug abgeben, wenn ein anderes Kind gerne damit spielen möchte
  - eine Süßigkeit mit jemandem teilen
  - beim Tischdecken helfen
  - einen Regenwurm retten
  - jemandem den Vortritt lassen
  - nicht so oft mit dem kleinen Bruder streiten.
- Schlagen Sie vor, bis zum Beginn der Sommerferien alle guten Taten zu sammeln, die die Kinder zu Hause und im Kindergarten vollbringen, und für jede gute Tat einen roten Apfel im Baum wachsen zu lassen.
- Die Kinder berichten dazu jeden Morgen im Kreis, wenn sie etwas Gutes getan haben. Sie notieren dies auf einem Apfel aus Tonpapier und das Kind befestigt ihn mit Klebestreifen – bei den oberen Zweigen mit Ihrer Hilfe – an einem der Zweige.
- Vor den Sommerferien können alle sehen, wie gut die „Ernte" ausfällt.

Art der Aktivität:
Ritual

Kompetenzbereiche:
Empathie, Beobachtungsgabe, Wahrnehmung und soziales Miteinander weiterentwickeln, symbolisches Handeln verstehen

Material:
große Packpapierbögen oder Tapetenrolle, Plakafarben, Pinsel, rotes Tonpapier, Bleistift, Schere, durchsichtige Klebestreifen

Art der Aktivität:
Gedicht

Kompetenzbereiche:
Empathie weiterentwickeln, Sprachklang und -rhythmus erleben, Gefühle erkennen, Ruhe und Entspannung erleben

Material:
–

Sommerfrische

Viele Menschen sehnen sich danach, im Sommer endlich Urlaub und damit Zeit zur Muße zu haben. Nicht nur wir Erwachsenen, bereits auch viele Kinder führen ein hektisches Alltagsleben. Schon morgens müssen sie sich beeilen, um rechtzeitig im Kindergarten zu sein, und auch am Nachmittag haben viele einen vollen Terminkalender mit Kinderturnen, Musikschule und anderen Aktivitäten. Da kommt das Träumen oft zu kurz. Das Gedicht von Ringelnatz schafft hierzu einen wohltuenden Gegenpol.

So geht's:

- Wählen Sie einen warmen, sonnigen Sommertag und tragen Sie den Kindern das folgende Gedicht vor:

Sommerfrische

Zupf dir ein Wölkchen aus dem Wolkenweiß,
das durch den sonnigen Himmel schreitet.
Und schmücke den Hut, der dich begleitet,
mit einem grünen Reis.

Verstecke dich faul in die Fülle der Gräser.
Weil's wohltut, weil's frommt.
Und bist du ein Mundharmonikabläser
und hast eine bei dir, dann spiel, was dir kommt.

Und lass deine Melodien lenken
von dem freigegebenen Wolkengezupf.
Vergiss dich. Es soll dein Denken
nicht weiter reichen, als ein Grashüpferhupf.

Joachim Ringelnatz (1883 – 1934)

- Was haben die Kinder verstanden? Wo befindet sich der Mensch, von dem das Gedicht erzählt? Was tut er? Wie mag er sich wohl fühlen?
- Erarbeiten Sie mit den Kindern unbekannte Worte wie „Reis“ (Zweig) oder „frommt“ (dienlich sein, zugutekommen).
- Dann tragen Sie das Gedicht noch einmal vor.
- Gehen Sie anschließend mit den Kindern in den Garten. Alle legen sich – ggf. mit Decke – auf die Wiese und beobachten die vorüberziehenden Wolken. Was kann man hören, wenn man die Augen schließt? Spüren wir die Sonnenstrahlen auf unserem Körper?

Wir verreisen

Art der Aktivität:
Gespräch

Kompetenzbereiche:
Gefühle erkennen, Empathie, Wahrnehmung und soziales Miteinander weiterentwickeln

Material:
Fotos aus verschiedenen Ländern

Das Verreisen gehört für viele Menschen zum Sommer. Kaum ein Kind ist noch nie verreist, sei es auch „nur" zur Oma in den Nachbarort. Doch warum reisen wir überhaupt? Was erhoffen wir uns von der Ortsveränderung? Wem oder was begegnen wir dort und wie fühlen wir uns, wenn wir uns anderen Gepflogenheiten gegenübersehen? Regen Sie die Kinder zu einem Gespräch über diese Fragen an. Es kann zu der Erkenntnis führen, dass nicht nur die Menschen, die in unser Land kommen, Eigenheiten und unterschiedliche Verhaltensnormen haben, sondern dass auch wir in allen Ländern außer unserem Herkunftsland mit unseren Eigenheiten und unterschiedlichen Verhaltensnormen als „anders" wahrgenommen werden.

So geht's:

- Bitten Sie im Vorfeld die Kinder, Urlaubsfotos mitzubringen. Das können auch Bilder vom Aufenthalt bei einer Tante sein oder Bilder von einer Kinderfreizeit. Halten Sie auch einige Bilder von verschiedenen Ländern bereit.
- Die Kinder sitzen im Kreis. Legen Sie die Bilder in die Mitte und lassen Sie die Kinder einige Zeit von ihren Reisen berichten.
- Fragen Sie nach, warum sie verreist sind. Erarbeiten Sie mögliche Gründe wie:
  - weil Ferienzeit war
  - weil dort eine bestimmte Person wohnt
  - weil es dort das Meer (Berge, Palmen) gibt
  - weil dort immer die Sonne scheint (Schnee liegt).
- Bitten Sie die Kinder zu berichten, was am Reiseort anders war als zu Hause. Wie haben sie sich dort gefühlt? Was hat ihnen besonders/nicht gefallen? Haben sie etwas vermisst? Mit wem haben sie dort gespielt? Wie haben sie sich verständigt? Was haben sie gegessen? Waren sie traurig, als der Urlaub zu Ende war?
- Sammeln Sie die Aussagen der Kinder und stellen Sie diese noch einmal in den Raum. Achten Sie darauf, die Äußerungen nicht zu werten.
- Fragen Sie nach, wie sich wohl ein Kind aus einem anderen Land fühlen mag, wenn es nach Deutschland reist.
- Lassen Sie die Kinder vor dem Hintergrund ihrer o. g. Erfahrungen überlegen und spekulieren.
- Greifen Sie auch diese Aussagen auf und fassen Sie sie zusammen.
- Regen Sie die Kinder an, im Freispiel je ein Bild zu malen, auf dem sie sich selbst im Urlaub darstellen und ein Kind, das nach Deutschland reist.

Tipp:

Führen Sie an einem anderen Tag das Lied „Shalom chaverim" (siehe S. 59) ein, um das Thema zu vertiefen.

Art der Aktivität:
Gespräch / Liedeinführung

Kompetenzbereiche:
soziales Miteinander weiterentwicklen, andere Sprache kennenlernen, Sprachklang und -rhythmus erleben, musikalische Erfahrungen vertiefen

Material:
Lied S. 59

Shalom

Urlaubsreisen im Sommer bieten die Chance, andere Länder und Lebensweisen kennenzulernen. Ein Lied aus Israel gibt den Impuls, sich über eigene Erfahrungen mit anderen Sprachen und Kulturen auszutauschen. Das regt dazu an, anderen Menschen mit Verständnis und Toleranz zu begegnen und sich selbst und andere als Teil einer Welt zu begreifen.

So geht's:

- Singen Sie den Kindern das Lied vor. Warten Sie die Reaktion ab und singen Sie es noch einmal vor.
- Fragen Sie nach, ob die Kinder verstehen, wovon das Lied handelt bzw. ob sie wissen, in welcher Sprache es gesungen wird.
- Erzählen Sie, dass die Sprache des Liedes Hebräisch ist und von der jüdischen Bevölkerung in Israel gesprochen wird. Übersetzen Sie: Friede sei mit euch, Freunde! Friede! Der Gruß „Shalom" ist in Israel – ähnlich dem im süddeutschen Raum gebräuchlichen „Grüß Gott" – allgemein üblich und alltäglich.
- Falls das Interesse der Kinder in Richtung Israel oder Judentum geht, können Sie noch weitere Informationen beisteuern, z. B. dass die Juden wie die Christen an einen Gott glauben. Auch Juden haben ein Haus, in dem sie sich zum Beten treffen, die Synagoge. Dem Volk der Juden ist schon viel Leid geschehen. Daher ist es besonders verständlich, wenn sich die Menschen mit ihrem Gruß Frieden wünschen.
- Es ist auch gut möglich, dass die Kinder das Thema „andere Sprache" aufgreifen und von ihren Erlebnissen und Begegnungen auf Urlaubsreisen sprechen wollen.
- Bieten Sie ausreichend Zeit an, um Fragen zu stellen und Gedanken auszutauschen. Wenn möglich, greifen Sie das Thema an weiteren Tagen nochmals auf, um es zu vertiefen.
- Singen Sie nun das Lied noch einmal und bitten Sie die Kinder mitzusummen.
- Dann sprechen Sie den Text langsam und deutlich vor und singen das Lied gemeinsam mit den Kindern.

Tipps:

- Wenn die Kinder in Melodie und Text sicher sind, können sie das Lied später auch als Kanon singen oder mit Instrumenten begleiten.
- Regen Sie die Kinder an, Bilder von den Ländern zu malen, die sie bereist haben.

Shalom chaverim

Text und Melodie: volkstümlich aus Israel

Friede sei mit euch, Freunde! Friede, Friede.

Art der Aktivität:
Gestalten

Kompetenzbereiche:
Gemeinschaftsgefühl und Wertschätzung erleben, Fantasie und Kreativität entfalten

Material:
Kreis aus festem Pappkarton (Ø mindestens 40 cm), verschiedene Naturmaterialien, die die Kinder im Sommer gesammelt haben (z. B. Kieselsteine, Samen, Blüten, Blätter, Gräser), mehrere Schalen

Naturmandala

Gemeinsam etwas Neues entstehen zu lassen, ist eine wichtige Erfahrung für alle Beteiligten. Sie lernen dabei nicht nur sich selbst besser kennen, sondern haben auch die Gelegenheit, die anderen bei ihrem Tun zu beobachten. Wer kann es kaum erwarten, bis er selbst an der Reihe ist, etwas beim Legen eines Mandalas zu ergänzen? Wer ist eher zurückhaltend? Bildet sich aus den Einzelteilen eine zusammenhängende Struktur heraus oder entsteht ein wildes Durcheinander?

So geht's:

- Sortieren Sie die Materialien in einzelne Schalen. Achten Sie darauf, dass ausreichend Gegenstände der gleichen Art und/oder Farbe vorhanden sind, sodass die Kinder ggf. die Gestaltungsabsicht des Vorgängers weiterführen können.
- Legen Sie den Pappkreis in die Mitte und stellen Sie das Naturmaterial daneben.
- Erzählen Sie: „Ich möchte gerne mit euch zusammen einen ‚Sommerkreis' legen. Dafür habe ich viele Materialien mitgebracht, die wir in letzter Zeit gesammelt haben. Wir beginnen in der Mitte und legen der Reihe nach im Kreis. Jeder legt abwechselnd etwas auf. Jeder entscheidet selbst, was er legen möchte."
- Regen Sie die Kinder nach jeder Runde an, sich das bisher Gelegte anzusehen. Entstehen schon bestimmte Muster oder Farbspiele oder liegt alles kunterbunt nebeneinander, ohne erkennbare Struktur? Reflektieren Sie mit den Kindern.
- Bieten Sie diese Aktivität in mehreren Morgenkreisen an. So haben die Kinder die Gelegenheit, ihre Erfahrungen zu vertiefen, und finden zusehends leichter zu einem Gemeinschaftsbild.

Tipp:

Fotografieren Sie das fertige Mandala für die Bildungsdokumentation der Kinder.

Variante:

Die Kinder bilden Kleingruppen und legen mehrere Mandalas.

Auf Wiedersehen, Schulkinder!

Die Zeit vor den Sommerferien ist für die „Großen" in Ihrer Gruppe besonders aufregend. Sie stehen vor dem Übergang vom Kindergarten in die Grundschule. Sie verlassen ihre vertraute Gemeinschaft und gehen einem neuen Lebensabschnitt voller neuer Erfahrungen entgegen. Sie erleichtern den Kindern diesen Schritt, wenn Sie ihnen die Gelegenheit geben, sich mit ihren Gefühlen auseinanderzusetzen und die Übergangsphase bewusst zu erleben. Bei einem Ritual im Morgenkreis können die zukünftigen Schulkinder die Zeit im Kindergarten noch einmal Revue passieren lassen.

So geht's:

- Legen Sie entsprechend der Anzahl der Vorschulkinder Tage für das Ritual fest, z. B. sechs Freitage.
- Damit alle auf diesen Tag vorbereitet sind, können Sie bereits am Montag ein kleines Plakat mit einem Foto des entsprechenden Vorschulkindes aufhängen oder Sie weisen am Vortag im Morgenkreis auf das Ritual hin. So haben alle Kinder die Möglichkeit, sich zu überlegen, was sie dem Kind sagen wollen.
- Suchen Sie einige Fotos, z. B. von einem besonderen Ereignis aus jedem Kindergartenjahr, heraus. Machen Sie sich auch ein paar Notizen über das Kind und seine Kindergartenzeit.
- Stellen Sie die Schüssel mit Wasser und Schwimmkerze in die Mitte und bitten Sie das Vorschulkind, die Kerze anzuzünden.
- Erzählen Sie, dass das Kind bald zur Schule gehen wird und Sie deshalb mit allen einmal auf dessen Zeit im Kindergarten zurückblicken wollen.
- Bitten Sie die Kinder zu erzählen, an welches Erlebnis, welche Situation sie sich gerne erinnern und was sie Schönes oder Lustiges mit dem Kind erlebt haben. Achten Sie darauf, dass die Kinder nicht werten, sondern möglichst aus ihrer Sicht erzählen (Ich-Botschaften), z. B.: „Mir hat es gut gefallen, als wir zusammen eine Höhle gebaut haben."
- Kommen die Erzählungen ins Stocken oder haben alle, die etwas sagen wollen, gesprochen, legen Sie die Fotos vor das Kind in den Kreis. Nun erzählt es selbst, woran es sich erinnert. Die Fotos helfen dabei, besondere Momente wachzurufen.
- Abschließend berichten Sie in ein paar Sätzen über die Zeit mit dem Kind. Beenden Sie das Gespräch mit einem abschließenden Satz, z. B.: „Wir freuen uns, dich zu kennen, und wünschen uns allen noch eine schöne Zeit mit dir."
- Zum Schluss pustet das zukünftige Schulkind die Kerze aus.

Art der Aktivität:
Ritual

Kompetenzbereiche:
Gemeinschaftsgefühl und Wertschätzung erleben, Selbstwertgefühl entwickeln, Gefühle erkennen und verarbeiten

Material:
Schwimmkerze, Schüssel mit Wasser, Feuerzeug

Material pro Vorschulkind:
Fotos des Kindes ggf. von einem besonderen Ereignis aus jedem Kindergartenjahr, Notizen über das Kind

Art der Aktivität:
Ritual / Tanz

Kompetenzbereiche:
Gemeinschaft erleben, Wahrnehmung und soziales Miteinander weiterentwickeln, Lied in Bewegung umsetzen

Material:
Lied S. 63, kleine Geschenke der Kinder (z. B. Selbstgemachtes oder Fundstücke aus der Natur), ggf. kleines Geschenk vom Kindergarten (z. B. Kuchen, kleines Spielzeug, Kerze, Bonbons, Blume)

Geburtstagslied

Bei einer Geburtstagsfeier darf ein Lied nicht fehlen. Von der ganzen Gruppe gesungen stellt es das Geburtstagskind in den Mittelpunkt und bezieht zugleich die anderen Kinder mit ein. In Verbindung mit einem Tanz kommt es dem Bewegungsbedürfnis der Kinder entgegen und lockert die Geburtstagsrunde auf.

So geht's:

- Machen Sie ggf. bereits am Vortag die Kinder darauf aufmerksam, dass ein Geburtstag ins Haus steht. Wer mag, hat so die Gelegenheit, sich ein kleines Geschenk für das Geburtstagskind zu überlegen.
- Bei der Geburtstagsfeier selbst wird das Geburtstagskind ehrenvoll begrüßt und es setzt sich in die Kreismitte auf einen Stuhl.
- Dann singen die Kinder das Geburtstagslied. Sie stehen dazu im Kreis um das Geburtstagskind herum und bewegen sich zum Lied. Entsprechend der zugedachten Geschenke wird der Text des Liedes angepasst. Das können sowohl materielle Gaben sein, die die Kinder selbst gemacht haben, oder auch gute Wünsche.

Peter hat Geburtstag, wir freu'n uns alle sehr!	*Alle singen und gehen sieben Schritte nach rechts.*
Peter hat Geburtstag, wir freu'n uns alle sehr!	*Alle singen und gehen sieben Schritte nach links.*
Ich bring ihm *(Geschenk)*.	*Ein Kind singt, geht dabei in die Mitte zum Geburtstagskind und legt sein Geschenk ab.*
Er / Sie bringt ihm *(Geschenk)*.	*Alle singen, während das Kind wieder zurück in den Kreis geht.*
Peter hat Geburtstag,	*Alle singen und drehen sich rechts herum um sich selbst.*
wir freu'n uns alle sehr!	*Alle singen und klatschen.*
Peter hat Geburtstag,	*Alle singen und drehen sich links herum um sich selbst.*
wir freu'n uns alle sehr!	*Alle singen und klatschen.*

Geburtstagslied

Text: Yvonne Wagner
Melodie: nach „Ich bin ein Musikante“

Beispiele für Geschenke oder gute Wünsche, die Notenwerte werden dem Sprechrhythmus angepasst:

(...) Ich bring ihm ein schönes Bild. Er/Sie bringt ihm ein schönes Bild. (...)

(...) Ich bring ihm eine Kerze. Er/Sie bringt ihm eine Kerze. (...)

(...) Ich wünsch ihm alles Gute. Er/Sie wünscht ihm alles Gute. (...)

(...) Ich wünsche ihm Gesundheit. Er/Sie wünscht ihm Gesundheit. (...)

www.hase-und-igel.de
Lektorat: Renate Krapf, Monika Burger
Satz: Claudia Trinks
Illustrationen: Maryse Forget
Druck: Himmer AG, Augsburg

ISBN 978-3-86760-871-8